KB230535

경계에 서는 법

경계에 서는 법

1판 1쇄 인쇄 2026.2.3.
1판 1쇄 발행 2026.2.23.

지은이 차병직

발행인 박강휘
편집 이혜민 | 디자인 강혜림 | 마케팅 이유리 | 홍보 이아연
발행처 김영사
등록 1979년 5월 17일(제406-2003-036호)
주소 경기도 파주시 문발로 197(문발동) 우편번호 10881
전화 마케팅부 031)955-3100, 편집부 031)955-3200 | 팩스 031)955-3111

저작권자 ⓒ 차병직, 2026
이 책은 저작권법에 의해 보호를 받는 저작물이므로
저자와 출판사의 허락 없이 내용의 일부를 인용하거나 발췌하는 것을 금합니다.

값은 뒤표지에 있습니다.
ISBN 979-11-7332-506-9 03300

홈페이지 www.gimmyoung.com   블로그 blog.naver.com/gybook
인스타그램 instagram.com/gimmyoung 이메일 bestbook@gimmyoung.com

좋은 독자가 좋은 책을 만듭니다.
김영사는 독자 여러분의 의견에 항상 귀 기울이고 있습니다.

차병직 지음

경계에 서는 법

사실과 믿음 사이,
삶은 어디에 있는가

김영사

차례

삶과 친숙해지는 길

"삶과 친숙해지기 위한 하나의 기획일세."

어느 법철학자의 말이다. 법철학이 무엇이냐는 질문에 대한 대답이었다. "과학은 우리가 아는 것이고 철학은 우리가 모르는 것"이라는 버트런드 러셀Bertrand Russell의 말을 달리 해석하면, 과학은 대답을 향한 질문이지만 철학은 대답이 없는 질문이라는 의미다. 그럼에도 불구하고 법철학자는 명쾌하게 대답했다. 물론 대답의 내용은 명확하지 않다. 그 대답이 해답이라는 확신도 할 수 없다. 해답이 아닐 가능성은 꽤 높지만, 질문에 대한 대답으로서는 훌륭하다. 대답이 해답일 가능성도 있기 때문이다.

법은 필요하지만, 생활의 반려처럼 느껴지지는 않는다.

선량한 사람을 '법 없이도 살 사람'이라고 부르던 시절에는 법을 두렵고 불편한 존재로 여겼다. 세월이 바뀌어 이제는 법을 당연한 것으로 받아들이지만, 친숙하게까지 가까이해야 할 일상의 환경으로 생각하기는 쉽지 않다. 그러면서도 법은 언젠가 적절한 수단이 된다고 믿는다. 내가 참을 수 없을 때 해결해줄 수 있는 도구가 돼주고, 그 도구를 칼처럼 대신 휘둘러주는 기관이 법원이라고 믿는다. 그것이 보통 사람들의 법치주의일지 모른다.

그렇다면 법이 그런 방식으로 작동하면서 우리 개개인의 불편 없는 생활을 가능하게 해준다는 의미인가? 법이 그런 기능을 잘해낸다면 우리는 삶에 애착을 가질 수 있을 것이다. 법이 정말로 그런 존재인지, 애당초 어떤 성격을 지니고 탄생했는지 등을 따지는 것이 법철학이다.

법은 개인의 일상에만 관여하지 않는다. 국가 제도의 운영과 정부의 정책, 나아가 민족의 미래에까지 영향력을 행사하려는 것처럼 보인다. 정책의 수립과 과감한 개혁도 법에 기댄다. 법이 개인과 국가의 운명을 좌우할 수도 있다고 실감하는 때는 "법이란 이것이다"라고 선언하는 재판에서다. 따라서 관심은 법보다 재판에 더 집중된다. 재판이 무엇인지를 따지는 일도 법철학의 일부다. 법과 관련해 분명하지 않거나 골치 아픈 것은 모조리 법철학의 과제다. 그런 것들을 해결하겠다고 덤벼드니 대단한 기획이 아닐 수 없

경계에 서는 법

다. 달리 생각하면, 자기 생활에 싫증을 내지 않고 소중하게 여기면서 살고 싶다는 개인의 소박한 희망을 가능하게 하겠다는 기획이기 때문에 대단한 것이기도 하다.

법철학을 그렇게 말한 사람은 과거의 법철학자였고, 대학 시절 나의 스승이었다. 문득 그 한마디가 떠올라, 그 말을 바탕으로 삼아 쓴 짧은 글들을 모은 것이 이 책이다. 칼럼을 쓰게 된 까닭은 30년도 훨씬 넘게 친구로 지내는 이수형이 〈법률신문〉의 대표를 맡으면서 내게 밀어붙인, 강요나 다름없는 제안을 거절할 힘이 부족했기 때문이다. 그렇게 쓴 글의 모호함이 쓰레기통에 들어가기 직전에 건져낸 사람은 출판 기획자 김윤경이며, 그나마 깔끔해 보이도록 정리한 사람이 편집자 이혜민이다.

이혜민도 김윤경도 이수형도 심재우도 무심코 넘긴 사실이 하나 있다. 인간이 가장 흔하게 저지르는 실수는 자기가 하는 말에 다른 사람들이 관심을 가질 것이라는 착각이다. 그것을 진작 나에게 가르쳐주었더라면, 책을 내기는커녕 아예 쓰지도 않았을 텐데. 돌이킬 수 없는 일이 돼버렸다면, 우연히 이 책을 펼친 분들께 책의 활용법을 전하는 수밖에 없다. 법은 미래를 지향하지만 재판은 과거만 돌아본다. 그런데 재판의 영향은 앞날에 미친다. 법과 재판이 만들어내는 일상의 풍경에 관심 있는 사람은 저마다 입법자가 되고 재판관이 되어 미래를 그려볼 수 있다. 그것이 바로 일상의 법철학자다. 잠시나마 시민 법철학자가 되어 사고실험장으로 들어가려는 분들께 안내판 문구 역할이나 할 수 있을까 기대하는 것이 이 책이다.

2026년 2월
차병직

1장

선택의 법

정답이 아닌 선택이 세계를 바꾼다

공공연한 비밀

작년 통계는 아직 기다리기로 하고, 2023년 대법원에 접수된 사건만 보면 모두 5만 4,625건인데 그중 본안 사건은 3만 7,669건이다. 재판에 참여하는 대법관 12인의 1인당 배당 건수는 3,139건(3만 7,669건을 12로 나누면 3,139건인데, 2024년 《사법연감》에 대법관 12인의 1인당 사건 수는 3,305.2건으로 되어 있다)으로 한 달에 275건씩 처리했다. 대법관 4인이 한 개의 부를 구성해 매달 두 차례 합의하는데, 한 사람이 130건씩 들고 들어간 셈이다. 정시에 출근해 8시간 동안 1초도 허비하지 않고 합의를 시도할 경우, 대법관 1인당 한 건을 처리하는 데 허용되는 시간은 55초다. 사건 번호 부르고 결론만 말하기에도 숨이 가쁘다. 놀랍게도 이 통계는 이전의 한두 해에 비해 꽤 줄어든 수치다. 2023년 한 해에 전국 법원에 접수된 모든 사건의 수는 대략 1,640만 건이다.

대법원에 상고한 사건의 평균 재판 시간이 55초라면 보통 사람들의 상식으로는 이해하기 어렵다. 사건에 따라 경중이 있긴 하지만, 대법관 4인이 한 건당 합의해 결론을 내리는 데 걸리는 시간이 5분도 아닌 55초라면 누가 믿겠는가. 그러나 이것은 믿거나 말거나가 아니다. 엄연한 사실이자 현실이다. 법원에서 발간하는《사법연감》은 도서관에 가지 않더라도 인터넷으로 금방 확인 가능하다. 계산은 나눗셈과 곱셈 한두 번이면 끝난다. 공공연한 비밀이다.

누구나 열람 가능하기에 공공연하지만, 왜 비밀인가? 숫자가 지니는 의미 때문이다. 숫자를 이리저리 따져보면 사건당 합의 시간이 나온다. 그 시간이 사실이라면 얼마나 경악할 노릇인가. 시간을 해석하기에 따라 여러 놀라운 이야기가 풍문처럼 떠돈다. 대법관들은 휴일 없이 매일 10건 이상의 판결문을 써야 한다는 둥, 사실상 10초 재판이라는 둥. 실제로 그렇다면 재판을 하지 않는다는 말이나 다름없다. 이것이 어떻게 가능하겠는가? 도장만 찍는가, 동전을 던지는가?

당연히 재판을 하지 않는 것도, 아무렇게나 하는 것도 아니다. 재판연구관이 있기 때문에 가능하다. 그들은 대법관

   경계에 서는 법

이 절반도 채 읽지 못하는 기록을 검토하고 판결문의 토대가 되는 보고서를 수차례 작성한다. 어떤 의미에서 젊은 그들은 대법관보다 체력이 더 좋고 능력도 낫다. 대법관은 끝없이 반복되는 유령의 55초에 매달릴지 모르나, 실제로 그들이 보이지 않는 많은 시간을 쓴다. 시간이 걸리지 않는 사건도 많다. 어쨌든 당장 상고심 제도가 최종심으로 기능하는 데 심각한 장애가 발생하는 것도 아니다. 모든 책임은 대법관이 진다. 그럼에도 55초는 여전히 납득하기 힘들다.

10여 년 전, 진보 성향으로 알려진 대법관 한 사람이 학계 및 시민단체 두어 사람과 만나 공공연한 비밀을 두고 머리를 맞댔다. 당시 계산으로 한 건당 합의 시간은 55초보다 여유로운 1분 20초였다. 대법관 수를 갑자기 몇 배로 늘릴 수 없고, 기껏해야 부를 한두 개 추가하는 정도다. 두 배로 확대한들, 2분 40초면 충분한가. 세상만사를 대법원이 결정하는 듯 사건은 언제나 증가하는 추세다. 대법관 증원보다 사건을 제한하는 것이 당연히 합리적이었다. 상고법원도 양승태 대법원장 시절 이전에 논의되었다. 과감하게 문제를 제기해 해결책을 강구해보자고 의기투합했지만 종국에는 흐지부지되고 말았다. 어떤 형태로든 상고심 사건 수를 제한하는 방식을 퇴행적 보수주의로 보고 반민주적이라 단정하는 여론의 비난을 감당할 자신이 없었다.

이렇게 우리는 엄연한 진실을 외면하면서 만든 자기 그

림자에 공공연한 비밀을 가두고 지낸다. 최근 하급심 재판이 지연되는 문제가 거듭 비판대에 오르는데, 인구가 감소하기만 기다리고 있을 수 없다. 모든 사회적 의견이 정치적 이념의 양극화로 귀결되는 시대에, 재판 수의 문제를 재판 자체의 문제와 함께 생각해볼 것을 제안한다. 솔직한 논의 없이 과연 해결책을 마련할 수 있는지 묻고 싶다.

검증의 마당

법적 판단과 결론을 내리는 과정은 어떻게 이루어지는가? 사실을 확정한 다음, 거기에 관련 법을 적용하면 된다. 무척 단순해 보인다. 이런 간결한 과정을 거친 판결이라는 결론은 어떻게 받아들일 수 있는가? 법이 규정해놓았기 때문인가, 법원의 권위 때문인가? 재판 결과가 정당하다는 근거가 있어야 한다. 그 요건을 충족시키는 것이 논증이다. 재판은 논증의 결과이기 때문에 정당성을 띤다고 할 수 있다. 어떤 결론이 임의로 결정된 것이 아니라 논리적 증명의 결과라는 뜻이다.

논증주의가 아닌 방식 중 대표적인 것은 결정주의와 결단주의다. 법적 결정주의는 입법 단계에서 모든 것이 결정된다는 주장이다. 내용과 의미는 법 문언에 결정되어 있으므로, 법관은 그 내용을 정확하게 인식해 재현하듯 적용하기만 하면 의무를 다한다. 결정주의에서는 결론에 도달하기 위한 논증 과정을 필요로 하지 않는다. 법적 결단주의는 결정주의와 반대로 법관의 판단이 곧 결론이라는 입장이다. 결론에 이르기까지 모종의 과정을 거치기는 하지만, 반드시 밝힐 필요는 없다. 자격을 갖춘 법관이 내린 재판의 결론은 평가하지 않고 그대로 받아들인다는 것이다. 여기에는 논증이 아예 존재하지 않는다.

법이 모든 것을 결정해서도 안 되며, 법관이 마음대로 결단해서도 안 된다. 두 가지 극단적 방식의 결함을 교정해 고안한 것이 논증주의다. 재판의 결론에 이르는 과정이 논리적 정합성을 갖추면 수용한다는 태도다. '논리적'이란 어떤 관점에서 보든 그렇게 될 수밖에 없다는 의미를 내포하며, 그것이 가장 합리적임을 뜻한다.

어떻게 논증할지는 복잡한 문제다. 논증 이론은 논리학의 기초 지식이 전제되어 있어 누구에게나 쉬운 것은 아니다. 논리적으로 옳다고 해서 그것이 진실이나 진리를 가리키는 것도 아니다. 보통의 사법절차를 이해하기 위해서는 법관이 논증을 어떻게 습득하는지 살펴보는 것이 더 도움이 된다. 한마디로 재판 과정의 논증은 따로 가르치지도, 배우지도 않는다. 종전의 사법연수원은 물론, 로스쿨의 커

리큘럼에도 포함되어 있지 않다. 판사 연수 과정에서 직무 교육의 일환으로 교양 강좌처럼 개설할 수는 있으나, 법관이라면 누구나 반드시 이수해야 하는 필수과목은 아니다. 사정이 그렇다면 일반인 시각에서는 불합리해 보이고 불안감을 느낄 수 있다. 결과의 정당성을 담보할 논증을 전혀 배우지 않은 사람들이 법을 논증하다니, 재판에 대한 신뢰가 흔들린다.

그러나 개별 판사는 판결문 작성하는 법을 배우고 훈련하는 과정에서 간접적으로 논증을 익힌다. 논증 방식은 기존의 재판 과정이나 판결문 작성 행위 및 절차에 스며 있기 때문이다. 법철학을 전혀 공부하지 않은 법률가도 법이념이나 목적에 대해 말할 수 있는 것과 같다.

재판의 논증 과정을 세밀화하고 일반화하면 좋겠지만, 법의 논증이란 것도 하나의 이론에 지나지 않는다. 재판의 정당성 근거를 발견하고 바라보는 측면 중 하나에 불과하다. 누구나 반드시 따라야 하는 황금률이 아니다. 법의 논증 이론은 법관이 재판 수단으로 사용하기보다 재판을 검증하는 외부 작용의 도구로 이용하기에 적절하다. 즉 사법 작용의 결과가 옳은지 그른지 분석하고 평가하는 데 유용하다. 판례 평석(법원이 내린 판결의 내용을 분석하고 해설해 그 의미와 법리적 쟁점, 판례의 영향 등을 상세히 설명하는 글)이 대표적 사례다.

　　국가의 사법 작용이 합리적으로 이루어지고 있는지 살피기 위해 사법부 바깥에서 수많은 검증 작업이 이루어진다. 법학자는 연구의 하나로, 학생은 공부의 방법으로, 언론과 시민단체는 사법 감시자로서, 시민 한 사람 한 사람은 주권자로서 자기 나름대로 검증자가 된다.

게임의 요소

세계사에서 추악한 싸움 중 하나로 꼽히는 것이 전류 전쟁이다. 이는 직류와 교류의 격돌이었으며, 그 과정에서 재판이 싸움의 수단으로 이용되기도 했다. 1882년, 직류를 개발한 토머스 에디슨이 자기가 발명한 전구로 뉴욕의 밤을 밝히겠다고 선언했고, 프랑스에서는 교류발전기를 개발해 특허를 내고 있었다.

에디슨의 회사에 취업한 니콜라 테슬라는 교류 모터를 만들었으나 에디슨으로부터 외면당했다. 이후 테슬라는 조지 웨스팅하우스의 회사로 옮겨 에디슨의 직류에 강력한 경쟁 상대로 부상했다. 직류의 단점은 멀리 송전할 경우 손실이 크다는 것이었다. 교류는 변압이 가능해 고압선으로 어디든지 보낼 수 있었다. 위기의식을 느낀 에디슨 회사는 교류의 위험성을 알리는 경고문을 팸플릿으로 제작해 배포했다. 교류는 전압이 높아 감전사 가능성이 극히 높다는 내용과 함께, 전선에 매달린 시신 사진을 버젓이 실었다.

해럴드 브라운은 전기 전문가를 자처한 젊은이였다. 그는 고압선을 땅에 묻는 것은 화약 창고 안에 촛불을 켜두는 짓과 같다고 외쳤다. 교류 회사에서 '직류 회사의 나팔수'라고 비난을 퍼붓자, 갑자기 명사로 떠올랐다. 브라운은 자신의 위상을 확고히 할 필요를 느꼈다. 직류든 교류든 고압이면 위험하다는 기존의 생각을 버리고 직류 편에 서기로 마음먹었다. "교류는 죽음을 부르고, 직류는 무해하다."

위험과 안전을 대비해 보여줄 증명이 필요했다. 브라운이 고안한 장치는 개를 이용한 실험이었는데, 에디슨은 몰래 장비를 지원했다. 본격적인 동물실험이 전개되었고, 조작된 실험에 수많은 개가 죽었다. 그것도 모자라 송아지와 말에 이어 코끼리까지 희생의 대상이 되었다. 직류와 교류의 다툼은 공포심을 자극하는 거짓말과 비방으로 얼룩졌다. 에디슨은 직류를 이용한 조명등, 발전기, 모터 등에 특허를 내고, 조금이라도 의심스러우면 소송을 걸었다. 그러나 결과적으로 교류가 승리했다.

표준 전쟁에서 이긴 결과, 오늘날 발전소에서 모든 가정으로 공급되는 전기는 교류다. 그러나 그로부터 100년 동

경계에 서는 법

안 서서히 직류의 수요가 창출되었다. 노트북이나 핸드폰에 이르기까지 수많은 제품이 직류로 구동됐다. 새로운 대안으로 떠오르는 자율 주행 자동차의 동력도 직류다. 디지털 혁명 시대의 컴퓨터와 반도체 역시 직류를 필요로 한다. 배터리 없는 세상은 상상하기 힘들다. 게다가 직류도 원거리 송전이 가능하도록 해주는 기술이 오래전에 개발됐다.

세계인을 사로잡았던 멋진 발명품은 폐기되고, 한때 불편했던 것이 가장 편리한 물건으로 둔갑했다. 그렇다고 직류가 교류를 누르고 역전승한 것은 아니다. 이제는 직류와 교류 모두 필요한 시대다. 전기 자동차는 부품의 반도체마다 다른 전압의 직류를 공급해야 하는데, 바퀴를 굴리는 모터는 교류로 작동한다. 필요한 순간에는 직류와 교류의 빠른 변환이 필요하다. 직류와 교류의 대립 시대에서 직류와 교류의 전환 시대로 접어든 것이다.

전기만 놓고 본다면 옳고 그름이 없다. 장단점의 비교에 따른 편리성의 차이는 시기마다 존재하지만, 결국 표준화의 결정은 객관적 평점이 아니라 소비자의 선택에 의해 이루어진다. 승패가 갈리더라도 옳고 그름이 확인되는 결과가 아닌 점은 스포츠 경기와 유사하다.

전류 전쟁을 일상의 판단에 유추해보는 일이 어느 정도 타당할지는 모르지만, 일상의 옳고 그름도 대부분 비슷하다. 정의는 없거나 불분명하다는 단정은 불편하지만, 정의가 있더라도 그것은 시대의 정의다. 한시적 옳음은 존재할 수 있지만, 영원한 것은 없다. 재판에도 이런 요소와 경향이 흐른다. 정의의 판단이라기보다 게임의 요소가 강하게 느껴질 때가 많다. 어쩌면 이는 인간의 규범 세계에 새로운 질서가 몰려오는 조짐일지도 모른다.

문자만이 아닌 판결문

우리가 재판에 기대하는 것은 정의의 실현이라기보다 현실에서 일어나는 갈등이나 분쟁을 원만히 해결하는 데 있을 가능성이 크다. 정의를 대신할 만한 결말을 받아들이도록 설득하는 수단 중 하나가 판결문이며, 그 기술이 논리와 수사다.

서양 역사에서 '신의 지배'라는 사슬에서 벗어나게 된 계기 중 하나가 인문주의이며, 그 중심에는 문자가 있었다. 문장으로 인간을 찬미하고, 인간의 힘을 발휘하기 시작했다. 글로 자유와 권리를 부여하고, 혁명까지 가능하게 했다. 그러면서 필요하다면 무엇이든 글로 표현하지 못할 것이 없다는 확신이 생겼다. 다른 문화권 역시 비슷한 양상으로 문자와 기록의 힘이 형성되었고, 근대화 이후 세계적으로 일반화되었다. 헌법도 그중 하나다. 이런 맥락에서 보더라도 문자로 결론을 선언하는 재판은 신의 의도인 정의의 구현이라기보다 인간적 소통을 구체적으로 해결하는 과정이다.

판결문은 문장론의 측면에서 바라보면 독특한 장르에 속한다. 보통 사람들이 읽고 이해하기 어려운 부분이 많다. 전문성으로 포장된 난해함이 권위를 실어 설득력을 높이던 시절도 있었지만, 이제는 옛말이다.

문자는 관념을 설명하는 데 유리하다. 잘 설명되지 않는 것을 가능할 때까지 얼마든지 장황하게 늘려 기술할 수 있는 도구다. 그러나 길고 복잡한 설명 탓에 오히려 이해하기 더 어려워지는 사태도 발생한다.

관념은 어떤 대상을 정확하게 설명하는 데 필요한 인식 조건으로 여겨진다. 하지만 그 자체로 견고한 개념의 테두리에 갇혀 있기 때문에, 대상이 된 사태의 본질을 깊이 파고들수록 추상적 설명밖에 할 수 없게 된다. 추상적 개념어는 능숙하지 않은 사람이 사용할 수 없을뿐더러, 읽어도 이해하기 어렵다. 그때 필요한 것이 이미지다. 이미지는 논리적 단계의 이해를 면제함으로써 문자의 설명 방식을 뛰어넘는 유효한 의미 전달의 특별한 기능을 발휘한다.

그림도 하나의 언어다. 문자의 발생 기원을 추측해보면

문자는 그림에서 서서히 기호로 발전했다. 그림과 같은 이미지는 설명이 간접적이기 때문에 소통 수단으로 사용할 경우 위험이 따르기는 하지만, 바로 그 위험성이 새로운 가능성을 열어준다.

수학은 처음에 논리적이고 이성적인 표시의 상징으로 등장했다. 정확하게 기입된 숫자는 거짓말을 할 여지가 없다는 믿음을 주었다. 그러나 데카르트가 해석기하학을 창안하면서, 수학은 숫자의 나열과 조합을 넘어 이미지로 변신했다. '읽는 수학'에서 '보는 수학'이 탄생했다. 그로부터 그래프가 등장했는데, 눈으로 직접 대답을 얻는 수단이었다. 수리적 관념보다 이미지를 통해 더 빠르게, 더 총체적으로, 더 정확히 인식하도록 만들었다. 한순간의 눈길이 사색을 대신한다는 말처럼 한번 쳐다보는 행위만으로 복잡한 전체가 구체화되어 다가오게 하는 것이 이미지의 힘이다.

판결문에 이지리드easy-read 방식을 도입하는 것 역시 설득력을 높이려는 적극적 시도다. 점자 판결문은 그 확장형에 해당한다. 판결문은 우선 당사자를 위한 서면이지만, 동시에 모두를 위한 문서이기도 하다. 특수성과 일반성을 동시에 갖추어야 판결문 기능을 할 수 있다. 당사자가 발달장애인일 경우 쉬운 어휘와 짧은 문장뿐만 아니라 삽화를 동원하기도 한다. 당사자의 특수성을 고려한 세심한 배려이나, 주문까지 파괴적 형태로 만드는 데 일반성의 관점에서 우려를 표하는 시선도 적지 않다.

판결문에 주를 다는 것만 해도 처음에는 다소 생소한 형식으로 받아들였다. 사고 현장 개요를 묘사한 도면이나 증거 자체인 사진을 첨부하는 판결문은 문자의 한계를 벗어나려는 시도였다. 미래의 판결문 일부를 예고편으로 보는 듯한 느낌이다.

판결문은 분명히 더 달라질 필요가 있으며, 실제로 그렇게 될 것이다. 다만 종래의 전통적이고 관습적인 이성의 요구에 따라 배제해온 판사의 감정을 슬며시 끼워 넣는 형태로 바뀌어서는 곤란할 것이다.

재판과 정답

재판은 예측이 아니다. 불확정 상태의 미래 상황을 미리 짐작해 판단하는 행위가 예측이다. 그렇다면 재판의 목적이나 과정은 무엇이라고 규정할 수 있는가? 매우 분명한 듯 보이지만, 일의적으로 확실하게 언명하기란 쉽지 않은 일이다. 목적이나 과정을 명확히 확정할 수 있다면, 사법제도 운영이나 개선을 위한 기획이 한결 수월해질 것이다.

자연과학적 방법론을 약간 흉내 내서 가설을 세워보자. '재판의 목적이나 최종 지향점은 일종의 정답을 맞히는 데 있다'를 가설로 삼자. 여기서 맞힌다는 것은 찾아낸다는 말과 같다. 정답은 옳고 그름을 의미한다. 분쟁 중인 둘 이상의 당사자 사이에서 누가 옳고 누가 그른지, 누가 얼마나 옳고 누가 얼마나 그른지 밝히는 작용이 재판이다. 형사사건의 경우 발견하고자 하는 실체적 진실이 정답이 되겠지만, 큰 틀에서는 차이가 없다.

목표가 정답을 찾아내는 것이라면, 구체적 사안을 특정하는 소장이나 공소장은 문제가 된다. 문제는 정답이 존재함을 전제한다. 그러나 실제로 모든 문제는 정답이 일가적이지 않다. 정답이 두 개 이상일 수도 있고, 없을 수도 있다. 출제 오류 같은 사태도 발생하고, 너무 어려워 정답에 이르지 못하는 난제도 존재한다.

문제가 제시되면, 풀어야 하는 의무자는 누구인가? 법관이 그 의무의 담당자라는 사실에는 의문의 여지가 없다. 그렇다면 원고와 피고, 검사와 피고인이라는 이름의 대립 당사자는 공동 출제자인가, 아니면 문제를 해결하는 데 도움을 주는 관련자인가? 혹은 양쪽의 성격을 모두 띠는가?

법관과 당사자, 그리고 관련자가 모두 모여 마치 토론회를 벌이듯 주장과 논박을 거치는 방식으로 소통을 거쳐 합리적이고 원만한 '마당적 이해'의 결론에 도달하는 것이 재판이라는 대화 이론도 있다. 그런 면에서 당사자는 각자가 출제자인 것처럼 보인다. 출제자는 대개 정답을 알고 있지만 당사자의 정답이란 자기주장이다. 당사자가 출제자라면, 법원에 문제를 제기하는 것은 자기주장을 받아달라는 요구다. 이에 대립 당사자는 상대방의 주장을 무산시키기

   경계에 서는 법

위한 반대 방향의 문제를 동시에 제기하는 셈이다. 마당 이론에 비추어 생각해보면, 당사자는 순수한 출제자가 아니라 자기의 이익을 실현하기 위한 전략적 참여자라 할 수 있다.

출제 의도를 따져보거나 추측하면 소송 당사자가 순수한 출제자가 아니라는 사실은 금방 드러난다. 당사자는 출제자가 아니라 문제와 맞닥뜨린 해결의 의무자다. 그에게 문제를 부과한 주체는 다름 아닌 그의 생활 주변의 복잡한 양상이다. 사회구조 속에서 살아가며 생겨난, 삶이 부과한 문제를 숙제로 받았지만 혼자 풀지 못해 법원이라는 기관에 도움을 청하는 사람이 바로 당사자다. 출제자인 줄 알았던 당사자가 실상은 문제를 해결하지 못해 곤경에 처한 수험자 또는 의무자라는 것이다. 당사자가 소장이나 공소장에서 출제자인 양 당당하게 주장을 펼치는 것은 결국 재판에서 이기기 위한 전략적 위장이다.

당사자가 제기한 소송이라는 문제를 해결하려면 복잡한 사실관계를 확정하고 거기에 법률을 해석·적용하는 절차를 거쳐야 한다. 관련된 모든 것을 망라할수록 문제 해결에 유리하거나 유익하다는 것이 일반적 견해다. 그것을 전개하는 과정 또는 대화의 마당이 바로 소송절차다. 전반적 수행의 편의를 위해 일반화한 내용이 이론이며 교과서가 된다. "조류학 교과서가 조류의 세계를 바꾸는 일은 없지만, 형법 교과서는 형법을 변경할 수 있다." 울프리트 노이만Ulfrid Neuman의 이 말은 법은 그 자체로 정당한 것이 아니라 제시되는 근거에 의해 좌우된다는 의미다. 그렇다면 정답이 있다는 전제 위에 세워진 재판의 가설은 무너질 수밖에 없다.

정답이 없다면 재판은 옳고 그름을 가리는 정의의 문제가 아니라 오히려 게임의 성격을 지니는 것인가? 게임의 요소가 내재한다면, 재판 결과의 예측도 가능하다는 말인가?

재판의 비교동등성

자연과학의 세계에서 가설은 실험을 통해 증명된다. 실험에서 중요한 기준이 되는 원리 중 하나가 비교동등성이다. 동일 조건에서는 동일한 결과값이 나타나야 한다는 뜻이다. 여러 종류의 온도계로 온도를 측정하더라도, 같은 시간 같은 장소라면 기록은 일치해야 한다. 의약품 제조에서도 비교동등성은 중요하다. 주성분이 같다면 제조 방식이 다르더라도 동일한 조건에서 투여했을 때 결과가 동등성을 유지해야 한다. 주어진 상황에서 실제 물리량은 단 하나의 고유한 값을 지녀야 한다는 단일값의 원리도 전제되어야 한다.

이러한 원리는 자명한 것 같지만 현실에서는 반드시 그

렇지 않다. 동일한 재료를 사용하더라도 섞는 순서에 따라 전혀 다른 양상이 나타나기도 한다. 끓는 기름에 물을 붓는 경우와 끓는 물에 기름을 넣는 경우에 나타나는 현상만 봐도 이를 알 수 있다. 해가 두 개 이상인 방정식은 단일값의 원리를 배반한다. 또 관찰의 목적이나 의도에 따라 어느 정도의 유사성을 '동등성' 범위에 포함할 것인지에 대한 판단도 달라질 수 있다.

비교동등성이나 단일값의 원리는 관찰자가 원하는 바에 따라 발견된 것이다. 하나의 체계 안에서 안정성이 요구되는 경우, 이러한 원리는 필수다. 동등성을 확보할 수 없거나 발생하는 결과를 예측할 수 없다면 불안하기 짝이 없을 것이다.

전혀 다른 세계처럼 보이지만, 법의 영역에서도 안정성은 필수 불가결한 요소다. 동일한 사건은 물론 유사한 사건에서도 결과가 같아야 한다는 것을 당연하게 여긴다. 재판이 운동경기처럼 어느 쪽이 이길지 흥미진진하게 바라보는 대상이 되어서는 곤란하다. 따라서 구체적 타당성은 어디까지나 법적 안정성이라는 토대 위에서 예외적이고 제한적으로 인정되는 것이어야 한다.

현실은 언제나 이론이나 원칙과 일치하지 않는다. 시민의 일상이 재판 대상이 되는 현실도 마찬가지다. 동일하거나 유사한 사건임에도 재판 결과가 항상 같지는 않다. 민주

 경계에 서는 법

화 이후 재판의 과정과 결과가 감시되고 널리 보도되면서, 점점 더 많은 사람들이 이런 놀라운 사실을 경험적으로 알게 됐다. 하나의 사건이 대법원까지 심급을 거듭하면서 세 차례 모두 서로 다른 결론에 이르는 경우도 드물지 않다. 사실 인정이나 법적 해석 모두 그렇다.

판사들에게 질문을 던져본다. 동일하거나 유사한 사건을 여러 판사가 재판할 경우 결과가 똑같아야 한다고 생각하는가? 언뜻 그렇다고 여길 수 있지만, 조금만 깊이 생각해보면 대답은 달라진다. "어떻게 결론이 똑같을 수 있겠는가!"

사실을 바라보는 시각이 다르면 인정하는 사실도 달라진다. 법관은 법전이라는 이름의 창고에서 필요한 조문을 꺼내 쓰기만 하면 되는 것이 아니다. 적용하기 전에 해석 과정을 거쳐야 하는 하나의 텍스트다. 선고 결과가 마냥 같을 수는 없다. 모든 인간은 동일한 재료와 부품을 가지고도 서로 다른 방식으로 조립된 생명체나 다름없기 때문이다.

재판의 미묘함과 현실의 희비극은 바로 여기에 있다. 하나의 사건이라도 누가, 언제 판단하느냐에 따라 결과가 달라질 수 있다. 한때는 재판의 엄청난 비밀처럼 보였지만, 이제는 거의 누구나 그렇게 생각하게 됐다. 그리하여 재판은 옳고 그름을 가려내는 작업이 아니라 어느새 운동경기의 성격을 띠고 만다. 결론은 정해져 있지 않다. 판단하는 사람이 누구냐에 따라 달라질 수 있다면, 결국 그 누구를 찾아내는 것이 재판에서 이기는 길이다. 그 누구를 미리 확인할 수 없다면, 누구든지 설득하면 된다. 결국 재판의 승패는 자신이 어떻게 하느냐에 따라 갈리는 것으로 받아들여진다.

이런 기본적 사고방식에서 법원과 재판에 대한 신뢰가 흔들린다. 패소는 자신의 주장에 대한 결함의 확인이 아니라 불운의 일격을 의미할 뿐이다. 그러면 승복률이 낮을 수밖에 없다. '누구'를 확인하는 일이 중요하다 보니, '전관예우'라는 말도 나왔다.

판례의 바다, 법률가의 섬

2023년 울산대는 도서관 장서 폐기를 결정하면서 35억 원가량의 비용이 예상된다고 발표했다. 94만 권이 넘는 책 중 45만 권을 없애기로 한 것으로, 서가의 빈자리를 미래형 자료실로 새 단장하는 비용까지 포함한 예산이었다. 일부 학생과 교수는 연구에 필요한 자료가 사라진다는 이유로 반대했다. 그런데 폐기 대상을 선정하는 기준 중 하나는 19년 동안 대출 기록이 전무한 경우였다.

옥스퍼드대학의 보들리언 도서관은 17세기부터 모든 자료를 수집해 보관하기로 작정했다. 200권에서 시작했는데, 20세기에 이르러 매일 1,000권가량이 쏟아져 들어왔다. 사서들은 정리에 매달리느라 책을 찾으러 오는 연구자들을 안내하기 힘들었다. 잠시 한눈팔았다가는 다음 날 또 다시 1,000여 권의 책이 쌓였기 때문이다. 매년 늘어나는 책장 길이만 3킬로미터에 달했다. 지하를 파서 보관 창고를 짓고, 근교의 폐광 시설까지 매입해 책으로 메웠다.

일본의 다치바나 다카시는 고이시카와에 삼각형 자투리 땅을 얻어 지상 3층, 지하 2층 규모의 건물을 지었다. 피자 조각 같은 건물의 좁은 쪽 외벽을 둥그스름하게 마감한 다음 화가 시마쿠라 후치무에게 의뢰해 검은 고양이 그림을 그려 넣었다. 엄청나게 쌓인 자료의 양을 보면 서재라기보다 도서관이라고 불려야 어울렸다. 비서 겸 사서를 필기시험과 면접을 거쳐 채용했다. 그리고 사진작가 와이다 준이치의 사진을 실어 이 '고양이 빌딩'을 샅샅이 소개한 책까지 출간했다. 실제로 소장한 책은 책에 소개된 분량을 훨씬 넘어 주변의 방 다섯 개를 임차해 보조 서고로 사용할 정도였다. 2021년, 장례식이 끝나고 한 달이 지나서야 다치바나가 사망했다는 사실이 보도되었다. 본인의 의사에 따른 조치였다. 유언에는 고양이 빌딩과 관련된 내용도 있었다. 20만 권에 육박하는 자료는 오로지 자신의 공부에 필요했던 것일 뿐이므로, 모두 없애버리라는 것이었다.

법률가들에게 넘쳐나는 자료는 이제 법률 서적이 아니라 판례다. 로스쿨 수업부터 변호사 시험과 실무에 이르기까지 판례가 중심이 돼버렸다. 극단적으로 말하면, 이론적 논쟁도 판례 하나면 종결되는 지경이다. 지적 노력이나 수사적 변론은 기존 판례를 뒤집어보려는 시도를 제외하면 아무 의미가 없는 듯하다. 어느 순간 우리나라는 세계에서 가장 대표적인 판례법 국가가 되고 말았다.

1980년대만 하더라도 법률가의 방에는 60권이 넘는 가제식 《판례총람》이 놓여 있었다. 수록된 내용 중에는 일본 판례도 많았다. 당시만 해도 우리 판례가 충분히 집적되지 않았기에, 사법연수원에서 일본어 수업을 따로 마련할 정도였다.

어느덧 판례는 대형 도서관에 도착하는 신간보다 더 많은 양이, 더 빠른 속도로 쌓이기 시작했다. 지난날처럼 종이에 인쇄된 〈법원공보〉만으로는 감당할 수 없다. 선별해서 제공하는 판례만 보더라도 읽고 분류하기 어렵다. 공개되지 않는 하급심 판결까지 포함하면 도저히 헤아릴 수 없을 정도다.

끝없이 쌓이는 판례의 의미는 무엇일까? 우리는 그것을 법률 문화의 가치 체계로 승인할 수 있는가? 분류하고 정리하지 않으면, 판례는 단지 재판 건수의 목록에 불과하다. 유사한 것에서 불필요한 것까지 가려내는 작업은 지적 활동과는 거리가 먼 기계적 노동에 가깝다. 사람보다 기계가 더 정확하고 효율적일 수밖에 없다. 아무리 보이지 않는 사이버공간에 무한정 모아두어도 도서관이나 서재에 쌓인 종이책의 운명과 다를 바 없다.

판례의 바다에서 고립된 섬이 되지 않으려면, 형식적 정리와 내용의 체계화에 첨단 기술을 활용할 수밖에 없다. 법원 내부보다 더 전문적이고 경쟁력을 갖춘 외부 기관에 맡기는 것이 현명하다. 법원이 미래 지향적 전망을 적극 수용하고 검찰이 궁색하게 형사판결문 공개를 반대하는 태도를 버린다면, 예상치 못한 새 질서의 탄생을 목격할 수 있을 것이다. 모든 일의 첫걸음은 판결문의 전면 공개다.

인간과 인간의 기계

타인의 실수를 맞닥뜨리면 우선 상대를 탓하려 든다. 관용의 태도는 비난하려는 본능적 감정의 대응을 전략적으로 바꾼 것에 불과하다. 관용을 바람직한 덕목 중 하나로 여기는 이유에는 '누구나 실수한다'는 전제가 깔려 있다.

누구나 실수하기 때문에 타인의 실수에 관용적 태도를 보여야 한다고 말할 수도 있지만, 반대로 누구나 실수하기 때문에 타인의 실수를 용서할 수 없다는 태도도 가능하다. 특히 타인이 제도로 보장받는 전문가일 경우에 그렇다. 대표적으로 우리는 의사의 실수를 용납하려 하지 않는다. 생명을 다루는 일에 실수가 있어서는 안 된다는 인식이 굳건하기 때문이다. 법관의 실수에 대해서도 단호한 태도를 보인다. 권리를 생명만큼 중요하게 여기는 법치주의적 감수성이 의식화한 때문일 것이다.

운동경기의 심판도 전문가다. 심판은 사실 판단을 잘못할 수도 있고, 규범에 해당하는 규칙을 잘못 해석할 수도 있다. 법관의 실수와 유사하다. 오심에 대한 관중과 선수의 태도 역시 단호하다. '오심도 경기의 일부'라는 경구는 더 이상 받아들이기 어렵다. 오심이 승부에 결정적 영향을 끼칠 정도라면, 불공정을 넘어 정의가 훼손되었다고 여긴다.

오심으로 인한 감정 손상을 최소화한 계기는 기계화였다. 2001년에 등장한 컴퓨터 시스템 호크아이Hawk-Eye가 널리 알려진 것은 테니스 중계를 통해서였다. 시속 200킬로미터를 넘나드는 노란 공이 어디에 떨어졌는지 정확히 판단하는 데는 인간의 눈보다 매의 눈이 더 효과적이었다. 여러 대의 카메라가 수집한 정보를 3D 영상으로 구현하는 인공의 눈이 판정에 활약했다.

야구나 배구에서는 사람이 재생 화면을 육안으로 확인한 뒤 판정한다. 테니스에서는 미리 입력된 값에 따라 공이 떨어진 지점을 나타나게 하는 동시에 기계가 인 또는 아웃을 판정한다. 최종 판단을 사람이 할 경우에는 고속 재생 화면의 이해와 해석이 달라 시비가 붙는 경우가 종종 있다. 기계가 종국적으로 결론을 내리면 분쟁은 아예 일어나지 않는다. 선수나 관중은 기계가 작동되는 원리를 모른다. 결과만 받아들일 뿐이다. 요약하면, 완전한 기계화 판정에 대한 승복률은 사람이 판정한 경우에 비해 압도적으로 높다.

배구공이 블로커의 손가락을 스쳤는가, 아니면 그냥 지나쳤는가. 아무리 화면을 되돌려도 불명확할 때가 있다. 달아오른 경기의 순간에는 선수 본인도 모른다. 그때 공이 스친 경우와 그렇지 않은 경우는 어떻게 다른가? 그 미세한 차이가 공격수의 능력을 나타내는가? 터치아웃과 노터치 중 하나는 정의에 부합하고 나머지 하나는 거짓일까? 누구나 기계의 판정 메커니즘을 승인하는가? 바닥을 폭풍처럼 스치고 지나가는 테니스공의 표면이 라인 바깥쪽과 접선을 그었는지, 완전히 벗어났는지 어떻게 조작하는가? 거기에 입력된 데이터가 통계와 확률의 계산 과정을 거쳐 화상으로 변형되어 나타나는 결과를 왜 믿어야 하는가? 라켓의 타격에 흩날리는 무수한 보푸라기는 공의 표면에 해당하는가, 부수적 산물에 불과한가?

재판의 비중을 실체적 진실의 발견보다 승복률을 높이는 데 둔다면, 미래의 재판을 AI에 맡기는 일은 너무나 자연스러운 귀결이다. 실수를 싫어하는 인간이 선택할 수밖에 없는 수단이기 때문이다. 인간적 재판이란 실수나 의도적 조작에 대한 미련이 투영된 환상이다. 어렴풋이 비치는 앞날에 전개될 재판의 선명도를 조금이나마 높이기 위해 필요한 것은 판결문을 비롯한 충분한 자료의 제공이다.

기계는 실수가 없다. 실수가 있다 하더라도 사람이 아니므로 탓하지 않는다. 기계 역시 인간의 작품임에도 그렇다. 그런 비합리적 맹점에도 그 방향으로 갈 수밖에 없다. 방향을 결정하는 것은 인간이 자랑스럽게 여기는 이성인데, 언제나 편견이나 고집, 또는 무지와 함께 작동한다.

경계에 서는 법

본질의 어떤 측면

판사가 말했다. "피고 대리인, 사실을 말씀해주시겠습니까?" 변호사가 대답했다. "네, 그런데 어떤 사실을 원하시는지요? 진실을 알려드릴까요, 아니면 이 사건 해결에 필요한 사실을 말씀드릴까요?" 판사는 불쾌한 표정을 지었고, 변호사는 재판이라는 제도에 회의를 갖게 됐다. 어느 법정에서 실제로 벌어진 일이다.

판사는 결정하는 권한을 가진 자다. 심판관으로서 판단 대상과 관련된 사실을 빠짐없이 정확히 알아야 한다고 전제한다. 모든 자료와 정보를 제공하면, 그것을 기초로 판단하겠다는 태도는 당연한 듯 보인다.

의문의 여지는 있다. 자료가 완벽하게 갖추어지면, 그 누구라도 판단하고 결론을 내리지 못하겠는가? 그러한 상황에서 판사라는 지위에 있는 사람만이 판단할 수 있는가? 자료는 주로 사실에 관련된 것이다. 자료를 종합해 사실이 확정되면, 그 사실을 법률관계의 틀에 대입해 법적 해석 과정을 거쳐 결론에 이른다.

법적 해석 작업은 법률 지식을 갖춘 전문가의 영역이므로, 특별한 자격을 갖춘 사람만 할 수 있다는 생각의 결과가 전문 법관제다. 말할 필요도 없이, 이웃 사람 누구라도 할 수 있다는 사고에서 나온 제도가 배심재판이다. 법률 전문가가 판단을 더 잘할 것이라는 구체적인 근거는 조금 불확실하다. 배심재판은 바로 그 약점을 파고든 제도처럼 보인다. 물론 전문 법관제와 배심재판제가 역사적으로 동일한 맥락에서 변천한 제도는 아니다. 자연스럽게 나타난 두 형태가 대비됐고, 장단점이 달라 서로의 보완책으로 자리 잡게 됐다.

판사는 재판에서 필요한 모든 자료를 요구할 권한을 가지는가? 문서제출명령이나 석명권(판사가 사건의 진상을 명확하게 하기 위해 당사자에게 법률적·사실적 사항에 대해 설명할 기회를 주고 입증을 촉구할 수 있는 권한) 등 제도적 장치도 있긴 하지만, 자료 제출을 요구할 권한을 가진다면 그 구조는 직권주의다. 요구에 그치지 않고 강제할 권한까지 승인된다면, 그때는 규문주의에 가까워진다.

　　　　　경계에 서는 법

판사의 요구에 따라야 할 의무는 있는가? 자기에게 불리한 것은 감추고 유리한 것만 내세울 수 있다. 당사자주의의 본질이다. 반대로 자기에게 유리한 것조차 전부나 일부를 포기할 수도 있다. 당사자주의를 극단적으로 밀어붙여 재판의 대상과 범위를 당사자가 마음대로 결정하도록 허용하면 당사자처분권주의가 된다.

모든 형태와 요소는 각종 재판제도에 스며들어 있다. 그렇다면 재판이란 그 자체로 객관적 진실과는 언제나 거리를 두고 있는 셈이다. 객관적 진실이나 실체적 진실을 외면한다는 것이 아니라, 애당초 정답, 또는 이상적 목표에 해당하는 지점에 도달하는 것을 절대적 목적으로 삼기 어렵다는 의미다. 진실에 다가서기를 추구하되, 언저리에 머물더라도 합리적 해결의 울타리를 벗어나지 않는 지점에서 결말을 짓는 것으로 만족해야 한다. 옳고 그름을 가리는 것과 분쟁 해결의 갈림길에서 절충적 태도를 취할 수밖에 없다. 아무리 재판에 숭고한 이념이나 정신을 부여한다 해도, 게임의 요소를 완전히 배제할 수 없다.

굳이 이론적으로 따지거나 철학적 배경을 탐색하지 않고 경험으로 익힌 재판이라는 제도의 안팎만 살펴봐도 그 본질에 닿는 이해가 가능하다. 판사는 당사자가 진실을 말하지 않는다고 해서 노하거나 슬퍼할 이유가 없다. 감정을 드러내지 않는 편이 더 현명할 것이다. 판사의 요구에 당사자가 응하지 않는다고 감정적으로 대한다면, 그것은 권한을 권위와 동일시했던 과거의 관습에 불과하다.

진실을 통해 정의를 실현한다는 일념으로 자신까지 희생할 수 있어야 한다는 고전적 법률가상像은 낡은 법률 교과서처럼 역사자료관에나 보내야 할 강박관념에 지나지 않는다. 판사가 감정을 배제하지 못한다면, 판단권을 법정의 AI에 넘기는 시기를 재촉하는 것이나 다름없다.

과녁을 겨누는 마음

사대에 선 사수가 과녁을 바라본다. 총을 들어 올려 가늠자를 눈앞으로 가져온 다음 조준선을 정렬한다. 호흡을 고르다 마침내 멈추기에 이르고, 정신을 집중시킨다. 어느 순간 결정이 이루어지고, 방아쇠에 걸쳐두었던 검지에 힘을 준다.

재판하는 법관의 심리 상태와 업무를 수행하는 과정도 이와 유사하다. 언뜻 생각하면 재판과 사격은 전혀 다른 구조와 양상을 띠는 인간 행위로 파악된다. 하지만 인간이 고안한 재판제도의 이상적 형태를 따라 국민의 현실적 소망이 만들어낸 모범적이고 추상적인 능력을 지닌 판사가 비중 있는 가치를 함축한 단 하나의 사건을 심리한다고 상정하면, 양자 사이의 비슷한 모습이 드러난다.

사격수의 목표가 그렇듯, 재판을 시작하는 법관의 목표도 과녁 한가운데에 도달하는 것이다. 총알을 맞는 과녁은 면과 공간으로 이루어져 있다면, 선고가 향하는 과녁은 개인의 기본권이나 공공의 이익부터 추악한 이해관계까지 잡다한 사정이 포괄하는 규범적 가치로 구성된 관념적 대상이다. 정의·당위·옳음 또는 공정한 몫과 배분 등이 보이지 않게 계량되어, 정중앙에서부터 동심원으로 퍼져나가는 아르테미스의 과녁을 형성한다.

사격수가 고뇌하는 시간은 수십 초에 불과하다. 그에 비해 재판은 수개월 또는 수년이 걸린다. 사대에서의 긴박한 몇 초를 1년 이상으로 늘려놓으면, 거기에는 꽤 장구한 역사가 펼쳐진다. 마찬가지로 판사의 직업적 고민과 사색을 몇 초로 압축하면, 그 무수한 판단 인자는 결론을 향한 무념무상으로 스며든다.

그런데 사격과 재판에는 결정적 차이가 있다. 사수는 방아쇠를 당긴 뒤 노력의 결과를 바로 확인할 수 있다. 과녁으로 걸어가보면 된다. 반면 법관은 고심 끝에 선고하지만, 그 결과를 알 수 없다. 가운데를 꿰뚫었는지, 언저리에 맞았는지, 아예 과녁을 벗어났는지 확인할 길이 없다. 옳았는지 틀렸는지 알지 못한 채 다음 사건으로 넘어간다.

제도로는 상급심이 그 당부를 판단하지만, 앞의 틀에 넣

 경계에 서는 법

어보면 항소심이든 상고심이든 결정의 과정과 순간은 마찬가지다. 방아쇠를 당기듯 결단을 내린 결과가 어떤지 모른다는 것은 어떤 의미인가? 이성의 힘으로 쏜 판단의 총알이 날아가 박힌 곳은 어디인가?

우선 당사자는 알 것이라는 전제가 있다. 사건을 직접 경험한 자이기 때문이다. 그러나 항소와 상고의 형태를 보면, 쌍방의 당사자가 들고 있는 과녁이 서로 다르다는 사실을 알 수 있다. 게다가 실제로는 당사자조차 진실을 정확히 알지 못하는 경우가 있다는 것도 부인할 수 없다. 자기가 믿고 싶은 것만 믿는 확증 편향이나 중요하다고 여기는 한두 가지 근거를 중심으로 결론에 이르는 간편화 경향은 판사에게만 나타나는 것이 아니다. 재판 당사자를 지배하는 감정적 특성이기 때문이다.

과녁 적중을 궁극의 목적으로 삼지 않고 과정에 충실하게 되면, 그에 따른 결론은 기존 과녁에 비추어 평가되는 대상이 아니라 그 자체가 새로운 과녁 하나를 제시하는 일로 이해할 수도 있다. 선고의 결과가 중심이 되는 판결문의 과녁에서 양 당사자가 원하는 중심이 얼마나 떨어져 있는지 확인하는 절차가 재판이라고 생각한다. 여기에는 절차의 정당성이 관련되어 있다.

설득의 논증

법적 논증이라고 하면, 우선 그럴듯하게 들린다. 논증이라는 어휘가 주는 신뢰감 때문일 텐데, 이는 법적 판단이 아무렇게나 이루어지는 것이 아니라 지적이고 논리적인 규칙에 따라 필연적 경로를 거쳐 도달한 결론이라는 뉘앙스 덕분이다.

재판을 법적 논증으로 수행한다면 당연한 것으로 여겨 이의를 제기할 여지가 없는 듯 보인다. 그러나 법적 논증이란 공식을 이용해 수학 문제를 풀 듯 정해진 방식에 따라 이루어지는 과정이 아니다. 무엇보다 수학과 다른 점은, 이를 엄격하게 검증할 방법이 없는 절차라는 것이다.

법의 논증은 하나의 확립된 이론이라기보다 법철학적

문제의 영역에 속한다. 법적 결정주의나 결단주의보다 더 합리적인 방법을 찾다 법철학자들이 도달한 중간 결론에 해당하는 논의의 상황 또는 지점이다.

법적 결정주의는 모든 것은 법에 의해 결정되어 있다는 전제하에 재판을 순수한 법 적용 행위로 이해한다. 재판은 입법자의 결정을 재현하는 작업에 불과하다는 것이다. 법에 대한 법관의 명확한 인식 능력이 필요하다. 결정주의는 법적 해결의 방법일 뿐 논증이 아니다. 논증을 아예 필요로 하지 않는다.

결단주의는 법관의 결단이 재판의 결론이라는 태도다. 온갖 자료를 확인한다고 해도, 종국에는 주관적 결단으로 선고한다는 것이다. 법관의 자의적 판단이라도 어쩔 수 없다. 이러한 결단주의적 재판에는 애당초 논증이 들어설 자리가 없다. 법관의 결단에 대해서는 사후적 통제만 가능할 뿐이다. 결단주의에서는 판결의 성립 자체를 합리적으로 이끌 방법이 없다. 이 지점에서 법심리학이 개입하게 된다.

결정주의와 결단주의를 극복하기 위해 고안된 방안이 논증주의다. 결정주의와 결단주의를 지양해야 하는 이유는 비합리성에 있다. 합리적 판단이 이루어지려면 판결의 근거를 마련해야 한다. 근거가 제대로 설정될 경우 그 판결은 비로소 정당화된다. 논증주의의 취지에는 '발견의 맥락에서 정당화의 맥락으로'라는 의미가 담겨 있다. 재판은 정답을 맞히려는 작업이라기보다 설득할 힘을 갖추는 노력이다.

따라서 법적 논증은 단순히 법 규정에 맞아떨어진다는 점을 입증하기 위한 것이 아니라 특정한 결정이 정당한 이유를 밝히는 데 의미를 둔다. '법대로 했기 때문에 정당하다'는 것만으로는 부족하다. 재판은 법률에 의해 구속되지만, 아울러 정의의 관념 또는 합리성의 척도에 어느 정도 부합해야 한다.

정당성은 입증의 대상이 아니라 합의의 대상이다. 여기서 합의란 논증 절차에 해당하는 재판 과정에 참여하는 사람들뿐만 아니라, 재판 결과에 영향을 받는 사람들 사이의 폭넓은 동의를 뜻한다. 그 총체적 합의에 기여하는 것이 법적 견해다. 재판을 이렇게 파악하면, 법관 외에 소송대리인이나 검사, 그리고 변호인이 필요한 이유를 납득할 수 있다.

법의 논증 이론은 재판에 선행하는 지침은 아니다. 이미 존재하는 재판의 양상을 이해하기 위해 만든 이론이다. 논증 이론이 하나만 있는 것도 아니다. 1970년대 세계 법철학계에서 논의된 결과만 보더라도 주장에 따라 논리적 증명, 합리적 논의, 수사학적 표현 등 비중을 두는 부분이 각기 다르다.

어떤 재판이든 결정주의와 결단주의적 요소를 완전히

 경계에 서는 법

제거할 수는 없다. 적절히 섞인 가운데 합리적 근거를 설정해 제시해야 한다는 절충적 입장이 논증주의라 할 수 있다. 논증주의를 진지하게 고수할 경우에는 논증하는 사람의 도덕성도 관련될 수밖에 없는데, 이러한 법관의 개인적 자질과 관련자들의 합의라는 절차 문제는 AI가 담당하게 될 미래의 재판에서는 어떻게 해결될지 궁금하다.

결정적 순간, 결심의 순간

전날 밤의 부부 싸움이나 아침 출근길의 차량 접촉 사고가 판사의 결정에 영향을 끼친다면? 재판 당사자든 제3자든 그 결정을 쉽게 수긍할 수 없을 것이다. 반면 당해 판사는 자신의 이성적 판단 능력과 자유의지를 무시한 궤변이라며 분개할 것이다.

개인의 사사로운 감정을 재판에 개입시켜서는 안 된다. 개성이 남다른 법관이 자신의 일시적 감정에 이성을 양보해 처음 판단과 다른 결정을 하고 이를 교묘히 감춘다면 어쩔 수 없지만, 드러나는 순간 비난을 면하지 못한다.

감정을 의도적으로 결정 인자로 내세우는 법관은 없다. 정상참작에는 감정이 개재될 가능성이 극히 높으나, 합리

경계에 서는 법

적이고 객관적 재량의 한계를 벗어나지 않는 범위 내에서라는 수사학적 규준이 법관의 직업적 작용으로 정당화해준다.

그러한 감정의 침투가 본인이 모르는 사이에 이루어진다면 어떠한가? 사유의 주체가 인식하지 못하는 사이에 감정이 판단에 결정 인자로 작용하는 일이 가능할까?

즉각적이든 장고 끝이든, 결정 자체는 순간에 이루어진다. 재판에서 내리는 결정은 중간중간 필요한 판단이나 마지막 결론에 이르는 과정에서 수시로 이루어진다.

대체로 결정 자체는 무의식의 영향을 크게 받는다는 것이 심리학자들의 견해다. 법관이 자랑하는 이성적 판단은 의식의 작용인 것 같지만, 무의식 역시 주요한 동력으로 개입한다. 무의식은 독립적으로 작용하기도 하지만, 의식의 작용에 관여하기도 한다. 의식만으로는 모든 문제를 해결할 수 없기 때문이다. 복권 당첨 번호를 예측하는 데 의식은 그다지 큰 능력을 발휘하지 못한다. 자신도 알 수 없는 직관 같은 것이 번득일 때 행운이 따른다. 의식이 어쩔 줄 모르고 주저할 때, 과감하게 등을 떠밀어주는 것이 무의식이다.

과녁의 정중앙을 꿰뚫는 사격수의 능력은 메타 인지의 보조 덕분이다. 제7감이라고도 불리는 메타 인지는 '자신이 아는 것을 아는 것', 또는 '자기도 모르게 아는 것'이라

설명할 수 있다. 메타 인지는 의식과 마찬가지로 자신의 주인에게 이익이 되는 방향으로 봉사한다. 실제로 우리는 대부분의 행동을 무의식적으로 한다. 일부 뇌과학 연구자들의 발표에 의하면, 사람의 행동 중 95퍼센트가량이 무의식 상태에서 이루어진다. 그렇다고 모두 몽유병 환자처럼 살아간다는 말은 아니다. 정보가 정교하게 입력된 자동기계처럼 움직인다는 표현이 더 적절하다. 누구나 스스로의 결정에 따라 행동하지만, 그 행동은 조건반사적으로 일어난다. 곰곰이 생각해보면 금방 알 수 있는데, 일거수일투족을 매번 의식에 따라 움직이지는 않는다.

결정은 결정 변인이라는 신경세포가 담당한다. 결정을 수행하는 과정 자체는 화학작용이지만, 결정 변인이 작동하도록 정보를 제공하는 것은 바로 메타 인지다. 사격수가 방아쇠를 당기는 순간을 '이때다'라고 명확히 의식하기보다 조준하다 어느 순간 무아의 상태에서 손가락에 힘을 준다. 그 순간을 결정하는 주체는 의식이 아니라 결정 변인이라는 것이다. 결정 변인이 결정하고 나면, 의식이 그 사실을 뒤늦게 인식한다.

전공을 선택하고 결혼을 결정하는 일 역시 오랜 고민과 치밀한 계산 그리고 숙고 끝에 이루어지는 것 같지만, 정확히 언제 어느 순간 결정했는지 모르는 것도 그 때문이다.

그렇다면 판사의 중요한 결정에 감정이 무의식적으로

     경계에 서는 법

개입했을지 모른다는 추정에 화낼 일은 아니다. 직업적 판단이 진실 가까이에 다가서거나 합리적 설득력을 갖출 수 있도록, 명징한 이성을 보조할 메타 인지 능력을 배양하는 방법을 고민하는 편이 나아 보인다. 그것을 통찰력이라 불러도 무방하다. AI가 재판권을 빼앗아 가기 전에 인간적 장점으로 내세워볼 만한 것 중 하나다.

정치범죄학의 시대

'범죄'라고 하면 어감부터 반사회성을 강하게 풍긴다. 그 때문에 행위자를 범죄자라고 지칭하면서 비난하는 것을 당연하다고 여긴다. 범죄자에게는 응징으로 형벌을 부과하고, 전과자라는 낙인을 찍어 운이 좋은 보통 사람들이 그를 의식적으로 기피해도 무방하다는 근거를 부여한다.

규칙 위반은 두려움의 대상이라기보다 얄미운 행위로 간주한다. 당연히 지켜야 하지만, 위반자를 이해하는 방식에 따라 그럴 수도 있다고 평가한다. 가벼운 벌금형이나 과태료 정도로 충분하고, '나도 상황에 따라서는 그럴 수 있다'라고 생각하며 관대해진다.

한때 일본 형법학자들은 범죄를 '자연범'과 '법정범'으

경계에 서는 법

로 나누었다. 누가 무엇이라 규정하기 전부터 본질적으로 반사회적 성격을 띠는 범죄를 자연범이라 하고, 사회적 필요에 따라 인위적으로 범죄라 규정한 것을 법정범이라 불렀다. 교수라는 직업이 지닌 현학적 특성은 분류하고 체계화하는 능력을 중시했고, 공부하는 학생 입장에서는 명백한 구분이 이해하기 쉽고 기억하기에 편했다.

그러나 이분법의 효용은 오래가지 않았다. 조금만 더 깊이 생각해보면 자연범과 법정범의 경계를 명확히 확인할 방법이 없다는 사실을 깨닫게 되기 때문이다. 차라리 모든 범죄를 자연범이라고 하거나, 반대로 법정범이라고 하는 편이 더 일관되게 느껴질 때가 많았다. 구분의 실익도 딱히 없어, 그 주장은 시나브로 사라지고 이론사의 족보에만 흔적을 남겼다.

형사정책의 세계에서 난제는 범죄 자체가 무엇인지 알지 못한다는 사실에 있다. '이것이 범죄다'라고 분명히 정의할 수 있다면 원인도 제대로 파악하고 대책도 적절히 세울 수 있으련만, 현실의 눈에는 구성요건만 보일 뿐이다. 법으로 정했으니 범죄일 뿐이다. 그래서 극단적인 낙인 이론까지 등장했다. 한 사회의 사법 체계에서 범죄라고 낙인찍으면 그 행위가 범죄가 된다.

정반대로 논리나 해석의 영역에서는 언제나 그렇듯 모든 범죄를 자연범이라고 우길 수도 있다. 현대판 성악설이라고 해야 할까. 경쟁 사회에서는 인간의 존재 자체가 범죄나 다름없다. 내가 이 자리에 앉아 있기 때문에 다른 누군가는 이 자리를 차지하지 못하는 것이다. 모든 존재론적 행위 중에서 정도와 필요에 따라 법으로 선택해 규정한 것이 현실의 범죄다.

그런데 이론과 관념으로 떠돌던 범죄 개념이 어느새 일상의 일부가 돼버렸다. 온갖 매체의 실시간 보도로 모든 범죄와 모든 행위의 범죄 가능성과 모든 범죄의 무죄 가능성을 모두가 알게 됐다. 사법의 정치화와 정치의 사법화의 각론 중 하나가 정치의 범죄화와 범죄의 정치화인 셈이다. 모든 정치 행위가 애초에 범죄 행위처럼 보이기도 하고, 모든 정치 행위가 범죄 행위로 규정할 수 있는 듯 보이기도 한다. 주권자들이 관전하는 가운데 범죄의 낙인을 서로 상대의 이마에 먼저 찍기 위한 게임이 벌어지고 있고, 우리는 그것을 정치 행위라고 착각할 지경이다.

경기가 치열해질수록 결과에 대한 예단과 간섭도 극단으로 치닫는다. 반칙을 동원해서라도 이겨야 한다는 태도가 첫 단계라면, 심판에게 영향력을 행사하고 압력도 불사하는 저돌적 자세가 그다음이다. 거기서도 여의치 않으면, 경기 도중이라도 규칙을 자신에게 유리하게 바꿔버리려는 과감한 단계가 세 번째다.

복잡한 현실은 옳고 그름의 문제가 아니다. 자세와 태도의 문제이며, 선택의 문제다. 경기자와 심판, 관전자가 무엇을 고민해야 하는지가 더 큰 문제다. 사태가 심각하든 사소하든 자연범과 법정범의 구분이 무의미한 것은 틀림없어 보인다. 고민에 도움이 될지 모르나, 장용학의 단편《요한 시집》에 나오는 한 구절을 읽어본다. "존재는 범죄다. 그 총목록이 세계이고, 인생은 그 범죄자였다."

미래의 로스쿨

상고, 공고, 농고의 시절이 있었다. 여상은 '여자 상업고등학교'의 약칭이었다. 통틀어 실업계 고등학교라 했다. 대학 진학을 원하지 않는 사람을 위해 취업에 필요한 기능적 교육을 중심으로 운영했다. 가정 형편 때문에 수업료가 많이 드는 대학 진학을 포기하고, 졸업과 동시에 직업을 갖고 돈을 벌어야 하는 학생이 많았다.

지난날 우리나라 고교생들의 대학 진학률은 20퍼센트에도 미치지 못했다. 대학에 지원하는 사람도 상대적으로 많지 않았고, 대학 정원도 지금보다 훨씬 적었다. 1970년대에는 대체로 18퍼센트에서 26퍼센트 사이였는데, 1978년의 경우 17.7퍼센트에 불과했다. 1980년대에 들어서면서

30퍼센트에 육박해, 이후 전체적으로 50퍼센트를 상회했다. 2000년대에는 80퍼센트를 넘어섰는데, 전국의 고교 졸업자 수보다 대학 정원이 더 많았기 때문에 진학만 목표로 한다면 누구나 대학에 갈 수 있게 됐다. 얼마 전부터는 학생을 확보하지 못하는 대학이나 학과가 문을 닫기 시작했다.

대학의 일반화는 넓은 의미에서 대학 교육의 민주화였다. 고등학교와 대학의 격차가 좁아지면서 대학은 마치 상급 고등학교나 대학 예과 같은 느낌을 주었다. 학과별 전공의 특성과 효용이 옅어지고 분과 학문의 힘도 약해졌다.

어느새 과거 실업계에 해당하는 특성화 고교 지원자가 늘어났다. 2025년 초의 보도에 의하면, 특성화 또는 직업계 고등학교 지원자 수가 정원보다 증가했다. 대학보다 사정이 나아진 셈이다. 대학과 달리 특성화 고교의 경우 지방에 있는 학교도 지원자가 많다. 지방의 직업계 고교에 지원했다가 탈락하고 일반고로 진학하는 사례도 생겼다. 수업료만 내면 졸업장을 받을 수 있는 대학은 미래를 보장해주지 못한다. 그렇기에 전문 기능을 익혀 경쟁력을 확보해 쉽게 직장을 얻는 편을 선호하는 실리적 경향이 늘고 있다. 조리과학고, 호텔관광고, 골프경영고, 항공고, 로봇고 등 명칭만으로도 단순한 고등학교가 아니라 전문학교라는 인식을 심어준다. 전문화된 고교를 졸업하고 취업한 사람들의 초봉이 대졸자보다 높다는 통계도 나왔다. 블루칼라 직종의 반격을 예고한다.

이런 현상은 교육, 특히 전문교육이란 무엇인지 다시 생각하게 만든다. 자연스럽게 로스쿨(법학 전문 대학원)이 떠오른다. 로스쿨의 문제점이 많이 거론된다. 실패한 제도라는 비난까지 나온다. 근본적으로 지적되는 문제점 중 하나는 로스쿨의 학원화다. 법학의 학문성은 사라지고 판례 위주의 변호사 시험 대비 기관으로 변모했다는 질타가 끊이지 않는다. 해를 거듭할수록 재응시자가 누적되어 전체 합격률은 점점 낮아진다. 일부 로스쿨 학생들은 입학 때부터 졸업 후 몇 년 이내에 합격할지 계획을 세우며, 방학이 되기 무섭게 신림동 학원으로 몰려든다. 서울과 지방의 차이도 갈수록 벌어지고 있다. 사법시험의 폐해를 없애기 위해 도입한 로스쿨이 유사한 상황으로 되돌아가고 만 셈이다.

한편에서는 변호사 수가 많다고 합격자 수를 줄여야 한다고 흥분하는가 하면, 다른 한쪽에서는 사법시험 부활론을 들먹인다. 새 제도의 단점을 없애겠다는 이유로 과거로 되돌아간다면 그것은 퇴행이다.

로스쿨의 문제가 드러났다고 해서 로스쿨 제도가 실패했다고 단정할 수는 없다. 과거 법과대학 중심의 사법시험 제도와 비교해봐도 마찬가지다. 현재 나타나는 현상은 고등학교의 상황과 본질적으로 다르지 않다. 기성세대가 제도를 어떻게 만들든, 학생들 스스로 사회 변화에 적응하며 살아갈 길을 만들어가면서 학교는 기능적으로 변신해왔다. 변호사 시험 합격자 수나 로스쿨 정원을 줄일 수 있을지 몰라도, 반대로 늘린다고 해도 현안을 해결할 계기를 다른 방식으로 마련할 수 있다. 로스쿨의 현재를 정돈하고 미래를 전망해볼 때가 되었다.

이세돌의 교훈

2016년 3월의 일이었으니 벌써 10여 년이 지났다. 엊그제 같이 생생한 그 바둑 행사는 인류 역사에 상징적 의미를 남겼다. 이세돌과 알파고가 광화문 포시즌 호텔 특별 대국장에서 대결을 펼칠 때만 해도, 장기나 체스라면 몰라도 바둑에서는 기계가 인간을 넘어설 수 없다고 믿었다. 이세돌 스스로 4 대 1이나 5 대 0으로 이길 것이라고 자신했다.

결과는 충격적이었다. 충격 속에서 반짝했던 1승을 희망이라고 말할 수는 없었고, 그저 인류의 패전 기념품 정도에 불과했다. 그 1승은 놀랍게도 실력으로는 알파고를 감당할 수 없다는 사실을 황급히 깨닫고, 알파고의 버그를 유발할 의도로 둔 기상천외한 한 수가 이룬 것이다.

그런 장면들을 종합해보면 알파고가 대결 상대로 왜 이세돌을 선택했는지 이해가 된다. 당시 이세돌은 세계 랭킹 1위가 아니었다. 이미 몇 년 전에 박정환에게 정상의 자리를 내주었고, 그마저 다시 커제에게 넘어간 상황이었다. 그럼에도 구글 딥마인드가 내리막길에 놓인 이세돌을 선택한 데는 몇 가지 이유가 있었다. 우선 그는 세계 일인자로 군림하는 동안 가장 많은 데이터를 보유한 기사였다. 그리고 창의적이고 독특한 스타일로 바둑을 두었고 변칙 플레이에도 능숙했다. 알파고의 능력이 놀라울 정도로 급속하게 증강하자 딥마인드 개발자들마저 자체 능력으로는 정확한 점검이 불가능했다. 알파고의 결점을 발견해 지적할 수 있는 유일한 인간이 이세돌이라 판단했다.

그들의 선택은 최선이었고, 그 이벤트는 원래 의도대로 역사적 대국이 되었다. 1승 4패, 네 번째 대국에서 기묘한 1승을 거두고 30대의 이세돌은 은퇴를 선언했다. 결심의 이유를 이렇게 밝혔다. "나는 바둑을 일종의 예술로 배웠다. 바둑을 '예'라고 말하는 사람도 있고 '도'라고 표현하는 사람도 있다. 예술에는 정답이 없다. 그렇기에 끊임없이 탐구할 여지가 있었다. 바둑에는 무언가 자기만의 것을 추구해가는 길이 있었다. 그러나 AI의 등장으로 모든 대국에 정답이 생기고 말았다. 우리는 모르지만 AI는 정확히 안다. 매혹의 아름다움이 사라져버렸다."

정답이 없는 상태에서는 한 판 대국의 결과만 있을 뿐이며, 결과를 향해 최선을 다하는 것을 프로 기사의 정신으로 삼았다. 그러나 정답이 있는데 알지 못하는 상태에서 돌을 놓아야 한다면, 허망할 뿐이다.

늘 떠올리는 의문이지만, 법률가들은 그런 고민을 재판의 세계에 대입해본다. 지난날에는 분쟁에 정답이 있다고 생각해 그것을 찾아가는 과정이 재판이라고 여겼다. 그러나 선고라는 결론에 도달해도 그것이 정답인지는 여전히 알 수 없다. 옳다고 여기는 결론을 정의라는 거창한 관념이 감싸주기만 바랐다. 정답을 발견하는 일은 쉽지 않으며, 어려울수록 법률가들의 전문성은 깊어 보이고 법관의 권위도 높게 느껴졌다.

그러나 재판의 대상이 되는 분쟁을 단일가의 원칙이 지배하는 문제로 보지 않는다면 상황이 달라진다. 해답이 정해져 있지 않거나 두 개 이상일 수 있다면, 소송 과정에 참여하는 태도에 변화가 생긴다. 재판 절차를 서로 실마리를 풀어가는 소통의 마당으로 이해하고 주장을 정당화할 법률적 근거를 구축해나가며 투쟁과 협업이 뒤섞이는 과정으로 합의한다면, 그런 재판은 마치 예술과도 같은 재판이 될 것이다.

그러나 그런 이상적인 재판은 현실에서는 불가능하다. 하지만 종전의 고리타분한 정의의 관념에 사로잡혀 물불

     경계에 서는 법

가리지 않고 승리만 의미 있는 결론이라는 태도로 재판제도를 바라본다면, 차라리 그 정답은 AI에 묻는 것이 훨씬 현명하다.

재판을 정답에 도달하는 과정으로 본다면, 장차 AI에 의존할 수밖에 없다. 다소 부당한 결론에 이를지라도, 정의 관념에 부합하는 사실의 재구성을 통해 절차상 승복할 수밖에 없는 재판을 유지하려면, 기존 방식에 새로운 아이디어를 보태야 한다. 이제 우리가 재판제도를 어떻게 이해하고 만들어나갈지 선택해야 할 시기가 온 것이다. 재판을 예술이나 도로 볼 것인가, 게임으로 여길 것인가.

분쟁의 코트

심판 없는 경기가 있다. 물론 친구들끼리 모여서 하는 축구나 농구 시합에 심판이 있어야 할 이유는 없다. 그러나 여기서 말하는 것은 공식 스포츠 경기에 심판이 하나도 없는 경우다.

테니스는 경기를 치르는 선수 수에 비해 가장 많은 심판이 참여하기도 하고, 반대로 아예 없기도 하다. 과거 그랜드 슬램 단식경기를 예로 들면, 선수는 2명이지만 심판은 최대 14명이었다. 주심인 엄파이어umpire 외에 선심만 12명이었다. 양쪽 코트의 베이스라인과 서비스라인에 1명씩 4명을 건너편까지 따로 배치하면 8명이다. 거기에 사이드라인을 전담하는 선심을 양쪽 코트에 배치하면 4명, 마지

 경계에 서는 법

막으로 네트 부심까지 하면 모두 14명이었다. 심판 전원이 제복을 입고 직사각형 코트에 서면 그것만으로도 압도적이었다. 경기가 길어질 때면 도중에 선심 전원을 교체하는데, 근위병 교대식을 방불케 했다.

지금은 어떤 대회에서도 그런 광경을 볼 수 없다. 부심은 사라진 지 오래고, 선심은 줄어들었다. 그나마 분쟁이 생기면 AI가 즉시 해결하는 챌린지 제도가 시행되고 있다. 남아 있는 몇 명의 심판도 결단만 내리면 언제든 모두 집으로 보낼 수 있다. 전자장치가 판정해주는 대로 전광판만 쳐다보며 경기를 치르면 된다.

그러나 컴퓨터가 무엇인지 알지 못하던 시절에도 심판 없는 경기가 열렸다. 1957년 시작된 장호배 주니어 테니스 대회가 대표적인 사례로, 지금도 존속한다. 어린 선수들에게 진정한 스포츠 정신과 윤리의식을 심어준다는 취지에서 주심도 없이 모든 경기를 시작했다. 지난날 단신으로 미국 진출을 시도했던 이덕희와 요즘 예능 프로그램에 얼굴을 비치는 이형택도 그 대회 출신이다.

판정은 자율이다. 선수들 스스로 한다. 다만 여기에는 몇 가지 중요한 원칙이 있다. 우선 경기가 멈추면 공이 떨어진 코트 위 경기자가 판정한다. 네트 너머의 상대방이 자기주장을 하거나 의견을 제시해서는 안 된다. 아웃 또는 폴트의 판단 결과는 큰 소리로 알린다. 상대방이 들을 수 있어야지 혼자 중얼거리면 곤란하다. 또 판정은 즉시 해야 한다. 공이 떨어진 자리를 한참 바라보고 있거나 생각에 잠기는 일은 허용되지 않는다. 가까이 있는 관중이나 다른 사람에게 물어서도 안 된다. 그런 경우를 대비해 애매한 모든 순간에 적용할 수 있는 최후의 원칙이 있다. '의심스러울 때는 상대방에게 유리하게.'

복식경기에서는 공이 마지막으로 떨어진 지점에 가까이 있는 선수가 판정한다. 그런데 그때마다 일일이 줄자로 재가며 그 순간의 심판을 정할 수는 없으므로, 같은 편의 두 사람이 동시에 판정할 때가 생긴다. 결과가 같으면 아무 문제 없지만, 두 사람의 판단이 다르면 곤란한 상황이 벌어진다. 그럴 때도 이 마지막 원칙을 동원하면 깨끗하게 정리할 수 있다.

자율 판정 테니스 규칙은 국제테니스연맹이나 프로테니스협회에서도 윤리 규정으로 확립해 권장한다. 어떤 규정이나 마찬가지지만, 규정만 지키면 판정에 불복하는 사태는 발생하지 않는다. 불만은 많겠지만, 경기장 밖에서 해소해야 한다. 비도덕적으로 보이는 상대방의 의도적 오심으로 경기에 졌다는 불만은 상대방이 자기에게 유리하게 판단했다는 의심 때문이다. 결국 양쪽 선수 모두 자율 심판 규칙을 어겼을 때 생기는 불상사다.

소송 분쟁은 의도하지 않았음에도 사건으로 등장한다는

　　　경계에 서는 법

점에서 경기와 다르다. 강제로 동원된 한 판이다. 그런 경우에도 심판들의 사무실인 법원에 찾아가기 전에 자율 판정을 할 방법이 없는지 생각해본다면, 만사에 도움이 될 것이다. 물론 양쪽 모두 그 방식에 동의해야만 가능하다. 당장은 불가능에 가까운 이상적 방안이라고 속단할지 모르나, 최후의 심판을 감정 없는 AI에 맡기기 싫은 사람들끼리라면 가능한 화해의 장이 될 것이다.

2장

사회의 법

사회는 끊임없이 법을 시험한다

보복과 면책 사이

아장 프로보카퇴르agent provocateur, 증거 확보가 어려운 사건에서 범죄자를 검거하기 위해 수사기관이 범행을 유인하는 함정수사다. 수사기관의 행위가 교사에 해당하는지 여부가 절차의 도덕성과 정당성 논쟁의 핵심으로 떠오르지만, 행위자를 정범으로 처벌하는 데는 큰 문제가 없다. 함정수사로 체포된 자는 보통 수사기관의 비열함을 탓하며 항의한다.

범죄의 실체보다 수사의 동기나 경위를 더 다툰다는 점에서 보복수사 역시 비슷하다. 정권 교체가 이루어진 뒤 이전 정부 관련자에 대한 수사가 시작되면 고성이 오간다. "보복수사를 중단하라"라는 야당의 목소리가 먼저 들리면, 여당에서는 으레 "정치 보복은 없다"로 응수한다. 함정 수사가 형법 용어라면, 보복수사는 정치·시사 유행어다.

보복수사 역시 비겁해 보인다. 상대 정당을 정치적 역량으로 누르는 것이 아니라 수사기관을 이용해 손발을 묶음으로써 우위에 서려는 것으로 비치기 때문이다. 그런데 여기서 보복수사라고 비난하는 태도에 대해 상식적 의문이 생긴다. 보복수사는 하면 안 된다는 말인가? 보복수사 결과 범죄 사실이 확인되어도 기소하면 안 된다는 의미인가?

과잉 수사여서 안 된다고 한다. 그러나 과잉이 곧 위법은 아니다. 편파 수사라며 흥분하지만, 피고인에게 유리한 증거나 정황을 법원에 제출하면 된다. 어떤 수사든 확신을 가지고 밀어붙이면 사납게 보이기 마련이므로, 표적 수사란 항변도 감정적 표현에 지나지 않는다. '파헤친다'는 비난도, '털어서 먼지 안 나는 사람 있느냐'는 하소연도 사태를 명료하게 정리하지 못한다. 밝혀진 결과가 먼지인지 얼룩인지 판단하는 과정에서도 진영 논리가 난무한다.

물론 명백히 부당한 경우도 있다. 충분히 수사가 가능했음에도 방치하고 있다가 특정 시점에 과시적으로 개시한다든지, 불기소로 결정했다가 난데없이 재기해 기소한다든지, 정치적 거래로 선택을 요구하며 수사하는 행위는 비난받아 마땅하다. 그렇지만 언제나 결과가 문제다. 구성요건에 해당하는 결론이 정치적 함성의 화학작용에 용해되

경계에 서는 법

어 사라지지 않는다면 말이다.

　정권이 교체될 때마다 보복수사로 지칭되는 행태가 반복되면 바람직하지 않다는 일반론도 등장한다. 민생 관련 수사를 소홀히 다루게 되고 정치적 혼란만 가중시킨다는 이유에서다. 그럼에도 논란의 도가니가 들끓는 가운데 기소되어 유죄가 선고되어도 정작 '보복재판'이라는 말은 들리지 않는다. 이를 통해 짐작하건대 보복수사에 대한 항의는 수사를 하지 말라는, 실체를 드러내지 말라는 주장이다. 솔직히 말하자면 그 진의는 면책을 요구하는 것이다. 정치 영역에 치외법권을 인정해달라는, 염치 없는 억지다.

　보복도, 면책도 양극단이다. 그 사이 어느 수준이 사법 질서와 정치 질서의 현실적 요청을 모두 충족시킬 수 있을까? 정치 생명을 건 격정적 싸움 국면에서 벗어나 다소 의문이 남더라도 수긍할 수 있는 지점에 대한 국민적 합의에 도달하면 무난하겠지만, 실제로는 거의 불가능하다.

　문제의 핵심은 정치 보복수사 논쟁에 정치인들의 정직성과 품위가 결여되어 있다는 점이다. 정치권의 정치인들 스스로 명예를 지킬 수 있는 품격의 분위기를 조성해놓았다면 수사기관도 정치보복으로 오해받을 만한 수사를 자제했을 것이고, 바라보는 국민들도 이를 납득했을 것이다. 그러나 현실은 정반대다. 정치의 세계는 정치인들 스스로 파놓은 거대한 함정과 같다. 서로 상대방이 빠지기만 기다리며 파놓은 함정은 정치투쟁에 필요한 무기다. 정치인에 대한 수사가 개시되기만 하면 당하는 쪽은 함정수사라 외치고, 국민의 귀에는 그것이 보복수사로 들릴 뿐이다.

펜에는 성도 차별도 없어야

"여자들을 스케치하고 싶지는 않아?" "여자에게는 관심이 없어요." 미켈란젤로의 대답에, 질문한 로마의 귀족 레오 발리오니는 이렇게 중얼거렸다. "이 세상 사람의 절반을 그 한마디로 포기하는군." 어빙 스톤Irving Stone의 소설《르네상스인 미켈란젤로》의 한 장면이다.

현존하는 80억 인간의 성비는 어떻게 보더라도 5 대 5다. 남아 선호 때문에 부분적 불균형이 생겨도, 여성의 평균수명이 길어 전체적 균형이 이루어진다. 비암호화 RNA의 기능 때문이든 섭리가 작용해서든, 여성과 남성은 수부터 우열이 존재하지 않는다. 자연스러운 균형을 무너뜨리는 것은 인간 자신이다. 동수로 주어진 양성의 역할 배분이 인류 역사였고, 그 양상이 문화였다. 역사와 문화는 정치적 힘에 이끌려 편중된 역할 배분을 당연시했다. 거친 환경에 맞서 생존 전략을 펼친 결과였다고 이해할 수 있다. 그러나 과거의 세계는 더 유지될 수 없을 정도로 기울어진 편향으로 가득했다는 사실에 대한 깨달음이 역사의 진전이었다.

그렇다면 모든 면에서 남녀의 비중은 성비만큼 균형을 이루었는가? 어떤 이는 남성에 대한 역차별을 호소하는 이 세기의 한낮에, 우선 손쉽게 지면부터 살펴보자. 〈미디어오늘〉이 2021년에 보도한 흥미로운 통계가 있다. 9개 일간지의 필진을 조사했더니 남녀 비율이 76 대 24였다. 편차가 가장 큰 〈중앙일보〉는 87.6 대 12.4였다. 여성 비율이 가장 높은 〈한겨레〉조차 여성 필자는 28.9퍼센트로 30퍼센트에 못 미쳤다. 조사 기간인 5주 동안 전체 외부 필자 중 성소수자는 0.1퍼센트에 불과했다. 다른 기관에서 조사한 22개 시사 프로그램 중 남녀 비율은 더 큰 격차를 보였다.

대중매체의 필진 구성은 개개인이 속한 영역의 일정한 의견이나 이해관계를 반영한다. 국내외 정세를 놓치지 않으면서, 진보·보수·중도의 다양한 입장을 두루 대변해야 하는 언론은 필진 구성에도 신경 써야 한다. 노동·인권·청년과 함께 여성 부문을 거론하는 이유는 여전히 여성과 남성의 동등성이 확고하게 눈에 띄지 않기 때문이다. 나아가 성소수자는 물론 중성이나 무성을 주장하는 의견도 무시해서는 안 된다.

법조계에 한정해서 보면 2025년 변호사 시험 합격자의 여남 비율은 47.25 대 52.75다. 2023년에는 최초로 여성이 법학 전문 대학원 입학생의 절반을 넘었다. 2024년에는 여남 비율이 51.2 대 48.8로 앞으로 법조계의 판도를 가늠하게 한다.

동물학자 최재천 부인의 형제자매는 3녀 2남이다. 부모가 어려서부터 모든 면에서 딸을 우선시하는 방식으로 가정의 양성평등을 실천했다. 그 부인이 생애 처음으로 남녀 차별을 경험한 것은 유학 중 미국에서였다고 고백했다. 성비를 따지는 일이 무조건적 양적 조절처럼 보일지 몰라도, 그것이 질적 변화를 일으킬 가능성은 매우 높다.

노동의 이해

노동은 고귀하다는 표현이 경구처럼 떠도는 것은 오히려 노동을 천하게 여긴다는 증거일 수 있다. 고대 서양에서는 육체노동이 시민에게 어울리지 않는다고 생각했기 때문에 노예 같은 하층계급이 필요했다. 보통의 시민이 활동을 통해 사례를 받았다면, 노예는 노동으로 임금을 얻는 시대였다.

노동에 가치를 부여한 것은 현실이 아니라 사상이었다. "이마에 땀을 흘려야 낟알을 먹으리라"라는 기독교의 가르침이나 "육체노동은 인간을 고상하게 만든다"는 유대교의 금언은 노동의 도덕적 의미를 탄생시켰다. 노동은 생계를 유지하는 데 반드시 필요하기 때문에 게으름은 곧 죄악이나 다름없다는 관념을 주입시켰다. 그러나 노동은 여전히 정신적 활동에 비해 낮게 평가됐다.

근대의 문턱에서 노동은 새로운 의미를 획득했다. 인간의 모든 이론은 결국 활동이나 노동으로 귀결된다는 생각에 이어, 노동이 더해져야 새로운 가치가 창조된다는 논리로 소유 개념이 등장했다. 모든 사물은 노동으로 형성된다는 사고에서 노동의 개념은 추상화되고 독립성을 획득했다. 자유계약을 통해 노동이 신분에서 해방되면서 누구나 노동할 수 있는 단계로 나아갔다. 그러면서 노동은 경제의 핵심 개념으로 자리 잡았고, 자유로운 노사 관계만 존재하는 이상적 사회를 전제하면 노동자의 품위는 경쟁에 의해 저절로 유지되는 것처럼 보였다. 경제활동이라는 측면에서는 육체노동뿐 아니라 정신노동도 포함됐다.

그러나 현실에서 노동을 부리는 자본은 축적되고, 노동자는 빈곤에 빠졌다. 가련한 노동자에게는 '적게 먹고, 많이 뛴다'는 풍자가 적절해 보였다. 정부를 향해 노동자에 대한 사회적 책임을 인정하라고 요구하기 시작했다. 사회주의적 노동 개념도 형성됐다. 노동력 판매자로서 노동자의 비극이 소외임을 밝히고, 노동자를 도구가 아닌 인간으로 선언했다.

노동자의 문제는 더 이상 개인의 문제가 아니라 사회문제로 인식됐다. 이런 배경에서 노동법을 사회법으로 분류하는 연원이 생겨났다. 그럼에도 노동 현실은 여전히 노동과 임금을 교환하는 사용자와 노동자의 계약관계로 나아갔다. 노동문제가 독자성을 잃고 수많은 사회문제 중 하나로 스며드는 듯한 변화도 감지됐다. 노동자를 사회적 보호의 대상이 아닌 독립적인 계약 당사자로 승격시키는 듯한 겉모습 뒤, 베일에 가린 실상은 가진 자가 힘을 발휘하는 냉혹한 경쟁 세계에 불과했다.

역사성에서 비롯되는 본질이 현상을 결정하는 절대적 요인은 아니다. 그러나 노동법을 사회법으로 이해하느냐, 계약법 체계의 일부로 파악하느냐에 따라 노동자의 현실은 달라진다. 고성과 폭력이 난무하는 쟁의 현장을 위법으로만 평가할지, 불가피한 사정을 고려해 예외를 넓게 인정할지의 차이와 비슷하다. 2022년 봄부터 시작된 화물연대 파업이 6개월 만에 합의에 이른 결과를 노사 어느 쪽의 승리로 볼지는 입장에 따라 다르다. 〈노란봉투법〉을 노동자의 불법행위에 따른 손해배상 책임의 범위를 좁히려는 입법 운동으로 볼지, 불법을 조장하는 정치적 포퓰리즘으로 볼지의 간극이다.

노동자가 겪는 현실의 갈등은 끊이지 않는다. 그럴듯한 사상은 노동을 말만으로 신성시하는 가운데, 강력한 자본은 단순한 상품으로 여기기 때문이다. 노동자가 생각하고 느끼는 자유는 부유한 자들의 그것과 완전히 다르다. 불만

에 찬 노동자의 반항이 사회를 향하지 못하게 막으면, 궁극
에 그 화살은 노동자 자신을 향할 수밖에 없다. 이는 형체
없는 것이 만들어내는 사회의 그림자와 같다. 참다가 한꺼
번에 폭발하면 어떻게 되는지 역사의 장면을 넘겨보면 확
인 가능하다. 예외가 일반적 원칙이 될 경우 열리는 새 공
간은 숨통을 틔우는 광장일까, 혼란과 불신의 골짜기일까?
노동의 총체적 미래 과제다.

반대의 방식

물체의 고유한 속성으로 운동 상태의 변화에 저항하는 관성의 크기를 정량적으로 나타낸 것이 질량이다. 장소나 상태에 따라 변하지 않는 무게 같은 것이다. 아인슈타인은 특수상대성이론으로 질량과 에너지가 서로 바뀔 수 있다는 가설을 제시했다. 이는 원자력이라는 거대한 에너지가 현실화되는 출발점이 됐다. 원자가 쪼개질수록 거기서 발생하는 에너지의 힘과 양은 엄청났다. 막대한 에너지로 인류를 가난과 궁핍에서 해방시킬 전망이 열렸다. 영향력이 클수록 반대 또한 심한 법이라서, 무기로 사용될 때의 파괴력보다 원자력발전의 안전성과 핵폐기물 처리의 어려움이 본질적 결함으로 제기됐다.

　원자력 찬반 논쟁은 사형제 존폐론보다 뜨겁지만, 해답은 의외로 간명하다. 안전성만 확보된다면 반대할 이유가 사라진다. 이미 알고 있는 해답의 지점에 도달할 수 있는지가 문제일 뿐이다. 해답을 찾아가는 길의 가장 큰 장해는 바로 길 그 자체다. 수학 문제처럼 책상 앞에 앉아서는 풀 수 없다. 원자로를 가동하며 시행착오를 거듭해야 목표에 다다를 수 있다. 2020년에 사망한 신망받던 물리학자 프리먼 다이슨Freeman Dyson도 "방사능 낙진이 없는 핵폭탄이나 우주선 연료를 개발하려면 수없이 많은 실험을 거쳐야 가능하다"고 말했다. 원자력 딜레마다.

　2021년에 눈을 감은 일본의 양심적 지식인 다치바나 다카시는 2011년 후쿠시마 원전 사고는 원자력발전소의 안전성을 증명할 절호의 기회라며 아쉬워했다. 완벽하게 봉쇄하지 못한 이유는 쓰나미로 바닷물이 들어차면서 발생한 정전으로 안전장치가 작동하지 않았기 때문이다. 따라서 시설을 지하에 설계한 미국 회사를 상대로 손해배상까지 검토해야 한다고 주장했다. 수백 가지 원자로 설계가 가능하지만, 정치적·행정적 규제로 겨우 10가지 정도만 살아남았다는 다이슨의 말과 상통하는 점도 있다. 더 놀라운 것은 다치바나의 그다음 언급이다. 체르노빌 사건은 후쿠시마 원전 사고보다 25년 앞서 터졌지만 피해 규모는 훨씬 더 컸다. 모든 정황은 소련의 폐쇄성 때문에 아직도 제대로 밝혀지지 않은 상태다. 그런데 일부 첩보에 의하면 러시아는 그 뒤로도 계속 사고를 일으키며 개발에 몰두해오고 있다는 것이다. 러시아가 외부의 눈을 의식하지 않고 마음껏 실험을 계속하다가 언젠가 완벽한 원자로 개발에 성공한다면, 에너지 주권을 장악해 세계를 지배할지 모른다고 추측했다. 물론 그런 우려를 일종의 음모론으로 일축하는 견해도 있다.

완벽한 원자력이 어느 곳 어디쯤에 와 있는지 모르겠지만, 우크라이나 전쟁에서 러시아는 에너지를 무기로 사용하는 법을 시험하고 있다. 이는 에너지 안보가 정치적 구호가 아니라 현안이라는 자각을 하게 만들었다. 안보는 최악의 상황을 설정하고 돌발 변수를 가정한다. 이제 원자력은 전력 공급원의 의미를 넘어섰다. 전략적 핵심 기술 분야에서 치열한 국제 경쟁이 펼쳐지고 있다. 기저부하(일정 시간에 지속적으로 걸리는 부하)에 안정적으로 전력을 공급하는 동시에 주요 기술의 유지와 개발이라는 과제가 대두된다.

에너지 안보와 전환의 필요성을 최적의 비율로 안배하는 정책 수립에 몰두해야 할 우리 정치권은 혼란스러운 싸움에만 휩싸여 있다. 녹색 에너지 노선을 선택한 문재인 정부의 결정은 지지할 만하지만, 원자력을 무조건 없애야 할 악으로 간주한 태도는 대단한 실책이었다. 상당한 어려움이 예상되지만 깨끗한 에너지 국가 실현을 위해 함께 참고

 경계에 서는 법

견뎌보자고 호소했어야 옳다. 정권을 쟁취한 지난 정부가 이전 정부는 옳지 않으니 폐기된 원자로를 모조리 원상회복시켜야 한다는 방식 역시 옳지 않다. 구체적 계획을 제시하거나 제시할 계획을 밝히며 설득해나가야 옳다. 옳다고 해서 근본 문제가 해결되는 것은 아닐 테지만, 적어도 싸움 방식은 옳아야 한다.

법이 개인의 초상에 미치는 영향

막 발간된 책 한 권이 눈에 띈다. 정수일 회고록《시대인, 소명에 따르다》다. 누구나 자기가 속한 시대를 살기 마련인데 굳이 '시대인'이라 표현한 것은 남북 분단 시대에 그 경계를 넘기 위해 수많은 다른 국가를 거쳐야 했던 자신의 파란만장한 삶을 투영한 결과로 짐작한다.

그의 출생지는 옌볜의 쯔신으로, 중국 영토지만 태어난 해가 1934년이었으니 형식상으로는 만주국이었다. 증조할아버지가 함경북도 명천에서 이주한 화전민이었기에 집에서는 조선어를, 바깥에서는 중국어를, 학교에서는 일본어를 사용하는 환경이었다. 종전과 중화인민공화국의 창건에 이어, 1952년 새 시험제도가 시행되면서 중국 젊은이

　　　　　　　경계에 서는 법

들도 원하는 대학에 입학할 수 있게 되었다. 첫해 옌벤 전역에서 단 두 명이 베이징대학에 합격했는데, 그중 하나가 정수일이었다. 이불과 봇짐을 꾸려 며칠을 여행한 끝에 베이징에 닿았고, 동방학부에 들어가 아랍어를 전공했다. 헌법이 채택된 다음 해인 1955년 저우언라이와 이집트 대통령 낫세르가 만나 문화협정을 체결하면서 중국 정부는 정수일을 국비 유학생으로 선발해 카이로대학에 보냈다.

그는 졸업한 후 모로코 대사관에 파견됐다. 중국 외교관으로서 아프리카의 독립 과정을 지켜보던 그는 어떻게든 자신이 조국 통일에 기여하겠다는 열망을 열병처럼 지니게 되었다. 총리 저우언라이와 외교부장 천이에게 청원해 중국 국적을 버리고 북한으로 갔다. 김일성종합대학에서 분리된 평양외국어대학 교수로 재직하던 중 특수 공작원 교육을 받았고, 아내와 세 딸을 둔 채 길을 나섰다. 5년 남짓 세계 각국을 전전하다 레바논에서 무함마드 깐수라는 이름을 얻고, 타갈로그어까지 익혀 필리핀 국적을 취득한 뒤 1984년 서울에 도착했다. 아랍어 실력을 인정받아 방송과 강단에서 활동하다 다시 결혼했고, 박사 학위를 취득해 대학에 자리 잡았다.

실크로드와 문명 교류 분야에서 연구 성과를 남기며 '가장 한국인다운 외국인'으로 인지도를 넓혀가던 중, 1996년 위장 간첩으로 체포됐다. 변호사들이 달려갔지만, 그는 모든 것을 시인했다. 보통의 경우라면 그것으로 공적인 삶은 종국을 맞기 마련이었을 테지만, 오히려 그때부터 새로운 인생을 모색했다. 검사가 사형을 구형하던 날, 그는 최후진술에서 목숨보다 압수된《고대문명교류사》원고를 살려달라고 했다. 선고를 이틀 앞두고 검사는 그를 소환해 컴퓨터 기술자와 함께 원고를 복원했다. 구치소에서 헨리 율Henry Yule의《중국으로 가는 길》을 초역했고, 교도소로 옮겨서는《아랍-아랍어 사전》한 권에 의지해 방대한《이븐 바투타 여행기》를 완역했다. 오직 책만 펼치고 있는 그의 모습에 감복한 교도관은 다른 재소자들이 잠든 깊은 밤에 복도의 조도를 조심스럽게 높여 그의 독서와 집필을 도왔다.

〈국가보안법〉위반이라는 죄명과 12년의 확정형에도 이례적으로 4년 만에 형 집행이 정지됐고, 다시 3년 뒤에는 사면 복권까지 이루어졌다. 2007년에는 서울고등법원과 대법원이 보안관찰처분까지 취소하면서 그는 완전한 자유를 얻었다. 우여곡절 끝에 발급받은 여권으로 현장의 정신과 혜초의 마음으로 이븐 바투타보다 긴 답사에 나서며 해마다 저서를 냈다.

수많은 언어를 구사하며 집요한 정신력과 강인한 체력으로 이룬 그의 학문적 성과에 대해 평가가 엇갈릴 수 있으나, 세상을 떠들썩하게 한 사건의 주인공이 파도 같은 궤적을 남기며 구순을 맞아 회고록을 낸 사실에 주목하지 않

　　　　경계에 서는 법

을 수 없다. 미망의 세상에서 미로를 헤치고 한 송이 꽃으로 남은 느낌이다. 깐수가 간첩에 머물지 않고 학자 정수일로 거듭난 것은 드라마틱한 삶의 주인공으로서 자신의 의지를 발휘했기 때문만은 아니다. 격정의 삶이 긍정적으로 비칠 수 있다면 그 배경에는 변호사, 검사, 판사, 법무부 장관에서 교도관에 이르는 공무원들의 보이지 않는 보조가 기여했다. 사회 체계 안에서 개인의 삶이 어떤 형태와 질을 갖추게 되는가에 결국 법 제도와 법률가의 역할이 결정적 요인이 된다는 사실을 새삼 깨닫는다.

끊임없는 대답

인간의 삶이란, 그 자체가 질문이다. 그것은 삶에 대한 질문이다. 살아가는 행위가 삶이 무엇인가 묻는 것이다. 그렇다면 끊임없이 질문해대는 형국인데, 대답은 누가 하는가? 마치 대답 없는 질문처럼 보이는 것이 삶이다. 인간의 역사란 삶에 대한 질문의 역사다.

그런 줄 알았는데, 달리 생각해보면 삶은 질문에 대한 대답이었다. 질문과 동시에 대답이었다. 삶이 대답을 거부한 적은 없다. 간혹 우리가 그 대답을 듣지 못하는 경우가 있을 뿐이다. 대답을 듣는다 해도 항상 제대로 이해하는 것도 아니다. 사람마다 이해하는 방식이나 정도와 결과가 다르기 때문에, 제대로 된 이해라는 것이 애초에 존재하지 않을 수도 있다.

삶의 대답 중 하나가 사법제도다. 정치도 경제도 스포츠도 예술도 하나의 대답이듯, 삶의 체계는 그 자체로 질문이면서 대답이다. 믿는 바에 따라 다르겠지만, 질문이나 대답을 신의 행위나 운명으로 여기기도 한다. 그런 사고방식조차 보편적 신성을 모독하지 않는 범위 내에서 인간의 삶 자체로 환원할 수 있다. 그렇다면 재판도 수사도 계약도 범죄도 형벌도 결혼도 이혼도 대답들이다.

같은 질문이 끊임없이 반복되고, 대답에 대한 질문이 이어지고, 새로운 질문이 무한으로 펼쳐진다. 삶은 거대하고 견고한 벽과 같아서 크고 작은 무수한 질문을 하나도 놓치지 않고 대답으로 돌려준다. 벽은 투명해 뒤쪽이 훤히 보이는 듯하지만, 아무리 살펴봐도 그 끝에 이르는 길은 결코 확인할 수 없다.

삶의 벽은 철의 장벽처럼 통과할 수 없는 커튼이지만, 바람처럼 가볍고 빠르고 부드러운 동시에 모질다. 열심히 다가가면 그 속도만큼 뒤로 물러난다. 삶을 미래를 향해 나아가는 것으로 여겨 달려가기도 해보지만, 그리하여 삶의 궁극적 목적에 대한 대답을 바로 얻으려 시도해보지만, 거기에 닿지는 못한다. 무엇이든 지혜의 말을 던져주는 여신이 눈앞에 앉아 있는 듯하지만, 결코 그 의자조차 만질 수 없다. 우리 손이 닿지 않을 정도로 거리를 유지하기 때문이다.

또 벽은 인간들의 삶의 속도에 따라 울퉁불퉁 휘어진다. 인간의 다양성을 그대로 받아들인다. 그렇게 육안으로 볼 수 없는 것을 우리가 인식하게 만들기도 한다.

우리는 질문과 대답에 따라 결론을 내린다. 노력에 대한 선물인 양 결론을 손에 쥔다. 그 과정과 결말에 대단한 의미를 부여하기도 하지만, 멀리서 냉정하게 바라보면 옛날식 운동회에서 달리기를 끝낸 뒤 받는 연필이나 공책 같은 상품이나 다름없다.

그렇다면 우리는 사법 현실을 어떻게 이해하고 운영할 것인가? 어느 정도 진지하게 다루며, 어떤 속도로 다가서며, 무엇을 질문하며, 얼마나 많은 대답에 울고 웃어야 하는가?

한편으로 사법부가 모든 질문에 대답하는 시대가 오는 듯한 느낌을 지울 수 없다. 사법부의 독립이라는 명분과 결합해 현실의 사법부는 더 강한 힘을 지닌다. 삼권분립을 기계적 분할로 여기는 정치적 이해에 대한 경계는 각 권력의 독립성 침해에 대한 경계와 함께 이루어져야 한다.

야만의 본성

1932년 2월, 일본의 중의원 선거 유세장에서 재무성 부장관 이노우에 준노스케가 총격으로 사망했다. "내가 쐈다"고 외친 범인은 22세의 오누마 쇼였다. 그보다 2년 전에는 하마구치 오사치 총리 저격 사건이 있었고, 유사한 사건이 연쇄적으로 발생했다. 극우 성향의 승려 이노우에 닛쇼를 따르던 청년 그룹에 도쿄와 교토의 제국대학 학생들이 가담해 방대한 규모의 암살 계획을 세우고 있었다. 모두 20대의 젊은이였으며, 테러의 동기는 정치 현실에 대한 불만이었다. 완전히 부패한 기성정당을 파괴해버리겠다는 목표를 세웠다. 그들이 내세운 기치는 '일인일살一人一殺'이었다.

일본의 전 총리 아베 신조가 참의원 선거 지원 유세 중에 암살당한 지 채 10개월도 되지 않아, 후임자인 기시다 후미오에게 폭발물을 투척하는 사고가 터졌다. 결국 패망으로 귀결되었던 한 세기 전 일본 국가주의의 음산한 분위기가 재현되는 것은 아닌가 하는 우려가 들 정도지만, 당연히 그렇게 보는 것은 속단이다. 다만 정치인에 대한 젊은이의 테러라는 점에서는 심상치 않은 기분을 떨쳐버리기 어렵다.

일본이라는 나라의 정치적 특수성 때문에 그런 일이 벌어진 것도 아니다. 20세기가 막 열리기 직전, 러시아 공사관으로 피신한 고종을 알현하고 돌아오던 총리대신 김홍집은 광화문에서 격분한 군중에게 맞아 죽었다. 그보다 앞서 김옥균이 희생되었고 해방 정국에서는 송진우, 여운형, 김구가 차례로 비운의 주인공이 되고 말았다. 이후에도 쿠데타, 대통령을 비롯한 정치인에 대한 테러는 이어졌다. 이웃 중국은 물론 미국과 유럽, 아프리카와 중남미 어느 땅도 암살의 핏자국으로 얼룩지지 않은 곳이 없다.

국가원수를 포함한 주요 인물에 대한 극단적 폭력은 어제오늘 일이 아니다. 우리 주변에 상존하는 위험이다. 대상이 고위공직자여서 시선을 더 끌 뿐이지, 일반 범죄의 연장선에 놓인 현실이다. 최고위급 정치인이 당한 사례라 해서 특별할 것은 없지만, 불법과 폭력과 테러에 대한 일반예방적 경각심과 증오의 감정을 민주 시민의 덕목으로 상정하는 것이 현대 국제사회의 불문율이다. 그러나 아무리 엄격

　경계에 서는 법

하고 도덕적이며 실정법적인 잣대를 특정 상황에 가져다 댄다 해서 사태가 호전되는 경우는 거의 드물다. 특별형법을 끊임없이 무지와 분노 앞에 막아 세워도 범죄가 사라지지 않는 것과 같다.

정치인에 대한 불만을 테러로 표출하는 것은 가장 노골적인 반응이다. 노골적인 것은 야만이다. 야만의 행위는 본성에서 기인한다. 야만을 부추기는 것도 세련된 형태의 야만일 가능성이 크다. 국회의사당이나 법원, 검찰청 앞에서 이루어지는, 노골적 문구로 채운 피켓 시위도 야만의 한 행위일지 모르나, 그 야만이 겨누고 있는 건물 내부의 제도화한 야만은 육안으로는 보이지 않는다.

정치적 관심을 가진 사람이 정치적 테러라는 야만 행위를 바라볼 때는 둘로 나뉜다. 정치적 입장에 따라 자신이 피해자가 되거나, 놀랍게도 가해자가 된다. 야만의 전이가 일어나는 것이다. 객관적인 듯한 제3자의 시선은 남의 일인 양 혀를 차며 테러에 얽힌 사태를 자신과 격리함으로써 스스로 안정적 삶의 권역에 머무르고자 하는 특권 의식의 야만에 갇힌다. 충격적 사건에서 잘잘못을 따질 수 없다는 의미가 아니다. 근본적 해결이 불가능하다는 말이다. 우리 모두의 본성 때문에.

모든 양상은 인간 본성의 야만성에서 비롯한다고 볼 수밖에 없는가? 아마도 그럴 것이다. 우리는 누구나 현대에

살고 있다고 확신하지만, 그 현대는 근대와 야만이 부딪쳐
일으키는 파도에 밀려 조금씩 미래로 나아가는 조각배에
불과하다.

정교한 예측, 어긋나는 현실

태양이 없으면 살 수 없다. 그렇다면 다른 별들도 우리 삶에 당연히 영향을 끼칠 것이다. 그리하여 탄생한 것이 점성술이다. 점성술이 첨단 과학이던 시절도 있었다. 당대의 과학자 프톨레마이오스는 인간의 성격은 물론 외모까지 별자리의 영향을 받는다고 믿었다. 천체물리학의 체계화에 결정적 기여를 한 브라헤와 케플러 역시 점성술을 외면하지 않았으며, 뉴턴까지 관련 서적을 탐독했다.

갑골문으로 점괘를 읽던 고대 중국의 점복관과 점성술사는 정치 공동체에서 최고 결정권자의 핵심 자문 역할을 맡았다. 가장 영검한 점복관은 국가 대사의 결단뿐 아니라 체제 유지에도 필요했다. 최고의 점복관이 군주의 실각을 예언하면, 무력을 사용한 쿠데타는 정당화될 수밖에 없었다.

지난날 점성술사가 군주의 곁을 지켰다면, 현대 국가에서 누가 그 자리를 대신하고 있을까? 경제학자가 정답에 근접한다. 웬만한 실정도 경제 문제만 해결하면 덮이고, 아무리 잘해도 경제정책에서 실패하면 소용이 없다. 국가의 권력자는 경제 관료에 의존한다. 유능한 경제학 폴리페서polifessor들은 어떤 능력을 갖추었는가? 경기나 경제 현실을 예측하는 그들의 능력이 보통 사람들보다 월등히 뛰어나다고 할 수 있는가? 그런 면에서 과거의 복사卜士에 비교되는가?

마약 사범 증가에 대한 책임을 경제학자들에게 돌리는 현상이 나타났다. 시장만능주의를 신조로 삼는 시카고학파의 총수 밀턴 프리드먼Milton Friedman은 1991년 텔레비전에 출연해 이렇게 말했다. "마약 규제는 수요를 통제하지 못하므로 사회적 비용만 낭비한다." 거래를 자유롭게 허용하되 세금을 부과하면, 가격 원리에 따라 수요 공급이 조절되면서 자연스럽게 마약 거래가 억제될 것이라는 논리와 전망이었다. 하버드대학의 제프리 마이런Jeffrey Miron은 죄악세라는 구체적 세제안을 제시하며 마약 통제와 세수 증대를 동시에 이룰 수 있다고 기염을 토했고, 수백 명의 경제학자가 이를 지지했다.

결론적으로 자유주의 경제학자들의 예측은 틀렸다. 마

　　　　　경계에 서는 법

약 합법화는 오히려 마약 남용으로 인한 사망자 수를 증가시켰으며, 더 싸고 효과는 강한 신종 마약까지 등장하게 만들었다.

특수한 품목이어서 예측이 빗나간 것일까? 경기든 환율이든 일반의 경제 현상에 대한 예측 적중률은 더 낮을 것이다. 케인스학파와 시카고학파의 대립만 보더라도 사사건건 정반대 주장만 해댔다. 반은 맞고 반은 틀린 것인가? 해마다 노벨 경제학상 수상자가 두세 명씩 나오지만, 그들이 자국 대통령이나 수상의 지지율이 굳건해지도록 경제 문제를 해결했다는 소문은 들은 바 없다.

학문이 예측 능력을 갖추어야만 하는가? 그런 능력이 없다면 도대체 무엇에 쓸모가 있다는 말인가? 역사주의적 편견에서 비롯한 그런 생각이 지배적이던 시절이 있었다. 역사는 고유한 내재적 법칙에 따라 발전하거나 진전한다. 그 법칙만 알아내면 미래를 예견할 수 있다고 믿었다. 칼 포퍼가 이를 비판의 대상으로 삼기 위해 역사주의라고 규정했다.

앞을 내다볼 줄 모르는 전문가의 지식이라면 정책 결정에 별 도움을 주지 못한다. 과거 점복관보다 나을 것이 없다. 경제학뿐만 아니라 근대와 함께 등장한 정치학이나 사회학도 마찬가지다. 이미 일어난 현상을 정교하게 개발한 도구로 분석한 다음, 예측을 통해 능력을 과시하려 시도하지만, 매번 실패한다. 그럼에도 당황하지 않는 이유는 동일한 전제 상황에서 논리를 전개해 정반대의 결론에 도달하는 일이 다반사이기 때문이다. 현존하는 경제학파만 아홉 개다. 논리를 펼치는 과정에서 인간다운 합리성과 자유가 발휘된다고 여겨, 온갖 견해를 자격을 갖춘 이론으로 받아들인다. 맞지 않는 일기예보가 점성술보다 과학적이라는 믿음과 같다.

법학의 세계는 어떤가? 예측은 법률과 재판의 영역과 무관해 보이지만, 그 관계의 탐구는 미래의 과제가 될 수 있다.

　　　　경계에 서는 법

시대의 감각

어느 상황에서 단면적으로 보면 수긍할 만할 뿐만 아니라 장점이 엿보이는 것도, 시공간을 넓혀 역사 속에서 살피면 실소를 자아내게 하는 경우가 많다. 그 때문에 멀리 내다보지 못했다는 사후 평가를 받는다. 기존 질서에 익숙할수록 새로운 것은 불합리하게 느껴진다. 당면한 문제의 해결에 집착하게 되면 먼 훗날까지 고려해 눈앞의 혼란한 상황을 참고 기다리기란 어렵다.

존 러스킨John Ruskin은 산업혁명을 찬탄의 눈이 아니라 우려의 시선으로 바라보았다. "조악하고 천편일률적인 물건을 기계로 마구 찍어내는 짓은 집어치워야 한다." 기계를 사용한 대량생산은 사기 행각이나 다름없다고 비난했다. 빠른 속도로 많이 만들어내는 공정은 그 자체로 작업의 질이 떨어지기 때문에 정직한 방식이 아니라는 논리였다. 수공업으로의 복귀를 대안으로 내세웠다. 인간 본연의 모습을 간직한 수공업이야말로 정성이 담긴 진실한 작업이라고 여겼다.

러스킨에 이어 윌리엄 모리스William Morris도 공예 재건 운동에 나섰다. 그러나 손에서 나오는 진정한 솜씨로 빚은 제품을 많은 사람에게 제공해 세상을 아름답게 만들고자 했던 원대한 목표에는 이르지 못했다. 오히려 기계적 대량 생산에 반대한 그들의 운동은 엉뚱한 결과를 초래했다. 소량으로 제작된 수공예품은 대부분 가진 자들의 손아귀에 들어가 부를 과시하는 장식품 역할을 했다. 심혈을 기울인 디자인의 책 표지나 벽지 같은 일상용품도 마찬가지였다.

러스킨과 모리스의 단순화한 사례에서 변화에 대한 거부가 결국 물리칠 수 없는 역사의 필연적 물결에 맞선 소박한 어리석음에 불과하다는 사실을 확인할 수 있다. 기계라는 괴물이 처음 등장했을 때 거부하는 몸짓에는 이유가 따랐다. 더디나 섬세한 손길은 믿을 수 있지만, 정신을 수반하지 않는 차갑고 거대한 기계는 획일적이어서 정교하지 않다는 주장이다. 자동으로 움직이는 기계가 손으로 조작하는 도구를 능가할 수 없다는 시대적 확신이 그 근거를 뒷받침했다. 기계문명에 반대하는 작은 움직임에 참여한 사

　　　　　경계에 서는 법

람들은 쇳덩어리가 찍어낸 제품 중에 나온 불량품을 증거로 제시했다. 물증을 손에 든 순간에는 승리의 가능성이 없지 않다고 믿었을 것이다. 그러나 당시의 조악한 제품은 거의 전부가 기계 탓이 아니라 기계를 잘못 다룬 결과였다.

한여름을 꽉 채우는 듯한 더위가 금년의 인상적인 분기점이 되기 직전까지 우리 주변을 맴돌던 이야기들이 산업혁명 시대 영국의 일화에 겹쳐 되살아난다. 어린 학생들의 일탈 행동이 교권 침해 문제로 대두되자, 그 원인을 〈학생인권조례〉에서 찾는 사태가 벌어졌다. 학생의 폭력을 허용하는 인권조례는 세상 어디에도 존재하지 않는다. 학생에 대한 폭력을 막아 학생들이 스스로 폭행을 다스릴 수 있도록 의도한 것이 〈학생인권조례〉다. 바람직하지 않은 사건의 발생은 조례 때문이 아니라 생활을 지도하고 조례를 운영하는 학교 안팎의 어른들 탓이다. 〈학생인권조례〉는 〈학생인권법〉으로 발전해야 시대의 흐름에 맞는 방향이다.

젊은 법률가가 창의성을 발휘해 만든 법률 서비스 플랫폼 '로톡'에 제일 먼저 제동을 건 것은 변호사 단체였고, 법무부 징계 절차까지 이어졌지만 법무부는 결국 대한변호사협회의 처분을 취소했다. 단체가 낡아가는 모습이 완연하다면 무엇이 자신들의 이익인지조차 잘 판단하지 못하기 때문일 가능성이 높다. 아마 이 시대 특정 단체의 실수라기보다 인간의 역사적 습관일지 모른다. 사이버 법률가는 사피엔스 법률가보다 더 뛰어날 수밖에 없는 것은 당연한 일 아닐까? 현재 모든 프로 기사가 모시는 스승은 기타니 미노루도, 오청원도, 조훈현도 아니다.

저 문밖에 이글거리는 더위를 한순간에 잠재울 기계는 없는가. 겨우 실내만 시원하게 만드는 에어컨이라는 기계 소리 쟁쟁한 방 안에서, 가을의 생각에 잠긴다.

 경계에 서는 법

민주주의의 비용

오전 11시면 늦고, 10시라도 안심할 수 없다. 주말은 물론, 평일에도 서울의 남쪽, 특히 한강대교를 건너 광화문 부근까지 갈 때는 상황을 잘 살펴야 한다. 오후 2시에 집회가 예정되어 있다는 정보를 잘못 이해하면 중요한 약속을 어길 가능성이 높다. 신고된 집회가 시작되기 서너 시간 전부터 세종대로 세 개 차선이 차단된다. 전광판 트럭이 도로를 가로질러 자리를 잡고, 크레인으로 중간중간 대형 스피커를 설치한다. 순식간에 무대와 객석이 생긴다.

한 번이면 통과했던 신호를 서너 번 이상 바뀔 때까지 기다려야 한다. 짜증이 분노로 치밀어 오른다. 어떻게 세계적인 도시 한복판에서 도로를 가로막고 떠들어댈 수 있나. 이

것이 문명국의 수도인가. 무질서한 자유가 민주주의를 무너뜨린다고 생각하며 입술을 깨무는 운전자의 눈에 보이는 모습은 폭력과 야만이다.

여름의 광장이나 도로는 용광로다. 태양의 열기를 그대로 받아 복사하고, 집회 참가자들의 뜨거운 숨결이 보태지며, 정체된 차량이 내뿜는 배기가스는 불쾌지수의 연료처럼 공급된다. 그들은 왜 에어컨을 설치해도 식히기 어려운 도심에서 밀집해 절규하는가? 약속된 집회는 가을이 지나고 눈이 쌓여도 멈추지 않는다.

차 안에서 통행을 방해받고 있다고 느끼는 방관자의 입장에서는 집회 참가자들이 외치는 구호가 진실인지 허구인지는 중요하지 않다. 그들이 자초한 물리적 상황 자체를 이해하지 못한다. 폭염으로 흐른 땀이 먼지와 범벅이 되고 비가 쏟아지고 바람이 몰아쳐도 길바닥에서 주먹을 휘두르고 행진해야 하는 이유를 알지 못한다. 그런 장소에 모여 있는 광경에서부터 이질감을 느낀다.

고뇌는 척박한 환경에서 잘 자라는 법이다. 안락함 속에서는 삶의 일상적 고통을 인지하기 어렵다. 차량이 다니도록 만든 도심의 도로에 나서는 사람들은 아스콘 바닥보다 더 황폐하고 메마른 마음속에 돋아난 아픔을 참을 수 없었을 것이다. 정치적이고 경제적인 복합적 상처를 타인은 모른다.

　　　　　　경계에 서는 법

슬픔은 자기 자신에 대한 철저한 이해를 바탕으로 한 용기를 북돋운다. 그 힘으로 길거리에 나선 사람들의 비애는 타인의 눈에 분노로 비친다. 분노를 통해 슬픔을 받아들이는 것은 쉽지 않은 일이다. 거기에는 비용이 든다. 민주주의의 비용이다.

내면의 슬픔이 된 상처는 자신과 사회의 갈등이다. 갈등의 이유가 이해되지 않는다고 비난하는 사람은 겪어보지 못한 아픔이므로 공감할 수 없다. 상처받은 사람의 불행은 무엇인가 결여된 상태에서 기인하며, 그 결핍은 몰이해의 시선으로 바라보는 사람들이 지닌 안전과 행복이 들어서면서 빼앗은 자리와 같다.

인간 고유의 성격을 실현하는 방식 중 하나가 표현이다. 감정이든 이성이든 자기 방식대로 표현한다. 표현이 적극적으로 확장된 형태가 집회와 시위다. 타인에게 전혀 방해되지 않는 방식의 행동은 평화로울지 모르나, 표현의 목적이나 의미를 상실한다. 조악한 방식의 표현에는 그만큼 서글픈 사정이 담겨 있다.

표현의 부재는 우울증이다. 사회적 우울증은 사회의 한 부분을 죽음으로 몰아넣는 질병이나 다름없다. 사회적 비극의 일부를 집회나 시위로 예방할 수 있다면, 그 결과는 공동체 전체의 선이 된다.

나와 다른 타인의 행동 양식을 보는 순간 나를 기준으로 그 원인을 따지거나 교정하려 드는 태도는 자기중심적 자유주의의 발로다. 우선 나와 다른 타인의 모습을 있는 그대로 받아들이는 것은, 자유에 따르는 의무에 이르기 전 단계에 해당하는 자제의 영역이다. 그런 태도를 기를 필요가 있는데, 그 인내에 지출되는 것이 민주주의의 비용이다.

경계에 서는 법

진짜와 가짜, 두 개의 바다

'사실' 대신 '팩트'라는 단어가 난무한다. 사건은 사실이 모여서 이루어지는데, 사실은 뭔가 불분명하고 부족하다고 느낀다. 팩트의 우리말이 사실이고 사실이 사실일 때 진실임에도 사실은 어느 순간 거짓에 오염되기 쉬운 뉘앙스를 풍기는 말로 치부됐다. 사건을 정확하게 이해하기 위해서는 사건을 이루는 요소를 분리해 파악하면 된다고 여기는 것 같다. 그 요소에 거짓이라는 불순물이 묻지 않은 것을 확인한 뒤 다시 환원하면 진실한 사건이 된다는 생각이다.

아고타 크리스토프Agota Kristof는 소설 《존재의 세 가지 거짓말》에서 재미있는 비유적 표현을 보여준다. 글을 쓸 때는 있는 그대로 써야 진실이 된다. 예를 들어 '할머니는 마녀를 닮았다'라고 하면 안 되고, '사람들은 할머니를 마녀라 부른다'라고 써야 한다. 흔히 의견과 사실을 구분하는 간편한 방식이다. 마찬가지로 '당번병은 친절하다'라는 표현은 곤란하지만, '당번병은 우리에게 이불을 가져다주었다'는 허용된다.

팩트든 뭐든 기본 구성 요소부터 점검하면 거짓이나 허위를 막을 수 있다는 생각은 원칙적인 것 같지만 순진해서 기대 가능성이 낮다. 뉴스는 문장으로 구성된다. 문장을 이루는 어휘가 진짜라고 해서 뉴스의 진실성이 보장되지는 않는다. 어휘의 조합과 구성을 시작하는 순간 의미를 향해 나아간다. 뉴스가 되려면 처음부터 의도한 의미가 전제돼야 한다. 뉴스 중 일부가 재구성되어 역사의 한 줄로 바뀐다. 의도와 구성에 의사가 개재됐다고 해서 순수하지 않은 것으로 단정할 수 없으며, 그 문장들이 전하는 메시지가 가짜라고 판단할 수도 없다. 팩트만 나열하면 뉴스도 역사도 될 수 없다.

보이는 어휘와 보이지 않는 의미가 뒤섞여 문장과 뉴스와 역사가 된다. 거기에 해석이라는 작용까지 덧붙여지면 양상은 더욱 복잡해진다. '사람들은 할머니를 마녀라 부른다'로 끝나지 않는다. 어느 할머니를 지칭하며, 마녀의 의미는 무엇이며, 몇 사람이나 그런 말을 했는지에 따라 상황은 달라진다. 당번병이 이불을 던지고 갔는지, 웃으며 펴주

    경계에 서는 법

었는지, 세탁된 이불이었는지, 더러운 것이었는지 정확히 알 수 없다.

10여 년 전 광화문을 달군 촛불 집회에서 전경 버스에 불을 붙이려다 미수에 그친 사건이 보도됐다. 역사학자 한 사람이 사석에서 테러나 다름없는 위험한 행동으로 변질된 집회가 정당한지 의문을 제기했다. 맞은편에 앉아 있던 법률가는 다른 의문을 품고 구치소에 접견을 갔다. 대학을 졸업한 시골 출신의 청년은 공장에 다니다 실직했다. 마침 집회가 시작되어 호기심에 참가했고, 저녁마다 광화문은 출근지가 됐다. 달을 넘기면서 열기가 가라앉자 청년의 호기심도 따라서 시들해졌다. 어느 날 밤 버스 아래로 들어가 연료 탱크를 만지작거리다가, 시위대가 남긴 양초를 긁어모은 다음 손바닥만 한 모닥불을 지폈다. 그러고는 날아다니는 전단을 몇 장 모아 그 위에 올렸다. 집회를 주관했던 연대회의 책임자가 지나가다 수상한 행동으로 보고 경찰에 신고했다.

청년이 테러리스트였는지 프락치였는지 성냥팔이 소년이었는지 누가 어떻게 판단하겠는가? 지금은 '경찰차 방화 미수'라는 제목의 기사와 군더더기 없는 유죄판결문만 남아 있다. 미시 사가든 민중 사가든 훗날 필요하면 그 종이 조각들을 일차 사료로 사용할 것이다.

팩트라는 외래어 하나가 진실과 거짓을 좌우하지는 못

한다. 팩트 자체가 허위가 되기도 하고 진실이 되기도 한다. 우리가 그렇게 만들고, 해석하고, 규정한다. 자기가 선택하는 것 외에는 외면하는 사회 풍조가 가짜 뉴스를 양산한다.

감시의 눈이 정권을 흔들기 위해 퍼뜨리는 가짜 뉴스가 있는가 하면, 정부가 정권의 안정과 유지를 위해 만드는 가짜 뉴스가 있다. 역사적으로 보면, 후자가 전자보다 위험하다.

무대책의 진지한 낙천성

영국에서 처음 공식적으로 인구조사를 실시한 해는 1801년이다. 그 이전 인구에 대한 지식은 아마추어 통계학자들이 수고한 결과에 의존했다. 지도 제작자 그레고리 킹Gregory King이 1696년 잉글랜드와 웨일스의 인구가 550만 명가량이었다고 추산한 결과는 합리적이었다. 그로부터 인구가 1,000만 명을 넘어 두 배에 달하려면 최소 600년이 걸릴 것이라고 예상했다. 그 인구가 다시 두 배가 되려면 1,200년 이상 기다려야 한다면서, "지구가 그때까지 존속된다면"이라는 꽤 현명한 단서까지 달았다.

킹은 인구가 점점 증가할 것이라고 전망했다. 반면 성직자 리처드 프라이스Richard Price는 왕정복고로 찰스 3세가 즉위한 1660년 이래 인구는 감소하고 있다는 우려를 표명했다. 프라이스의 주장에 따르는 사람들은 경제 발전의 둔화를 우려했다. 실제로 수상 소小 피트는 출산 보조금을 지급하는 정책을 시행했다.

사람의 수가 늘어날 것인가, 줄어들 것인가? 무엇이 미래를 풍요하게 보장할지 상상할 때 현실이 눈앞에서 캄캄해지기 시작한 사람이 토머스 로버트 맬서스Thomas Robert Malthus다. 그가 인간과 달리 생산의 바탕인 토지는 증식하지 않는다는 냉혹한 현실을 깨닫고 1798년에 쓴 책이《인구론》이었다. 인구 증가는 모든 생존 수단의 증가를 앞지르기 때문에, 결국 인간은 생존의 벼랑 끝에 서게 된다는 경고를 담았다.

타임머신 개발에 성공한 피니스가 날아간 곳은 2,000년을 거슬러 올라간 로마제국의 팔라티노 언덕이었다. 피니스는 아우구스투스 황제의 환대에 보답하고자 지니고 간 최첨단 의료 기술과 약품을 보급했다. 로마인의 일상은 신의 손길이 닿은 듯 청결하고 건강해졌다. 보건 혁명의 효과는 지구 전역으로 확산됐다. 평균수명이 놀랄 만큼 길어지면서 인구는 기하급수적으로 증가했다. 서기 300년에 인구는 2,500억 명을 돌파했다. 고층 빌딩 때문에 하늘이 보이지 않을 정도였고, 급기야 땅굴을 파고 들어가야 겨우 방한 칸을 마련할 지경에 이르렀다. 태양열과 바닷물을 포함한 모든 에너지는 최소한의 생존 조건을 위해 정교하게 배분됐다. 거의 한계에 도달했다는 판단이 섰을 때, 비밀위원회는 긴급 프로젝트에 돌입했다. 최대한의 여력을 모아 타임머신 제작에 성공했다. 900조 명 중에서 선발된 요원 한 명이 정확히 계산된 시간에 타임머신을 타고 날아간 곳은 팔라티노 언덕이었다. 한쪽에 몸을 숨긴 채 기다리다, 이윽고 타임머신 한 대가 날아오자 저격용 총을 들었다. 피니스가 트랩에서 내려서자 특수 요원은 지구의 운명을 결정하듯 방아쇠를 당겼다. 프레더릭 폴 Frederik Pohl이 쓴 〈피니스 씨의 허무한 시간 여행〉의 줄거리다.

인류의 행복 증진을 위한 미래 연구를 목표로 결성된 로마 클럽이 1972년 펴낸 《성장의 한계》는 세계의 이목을 끌었으며, 그 보고서에서도 인구 팽창의 위험을 지적했다. 아직까지 세계 인구는 여전히 늘어나고 있으나, 감소율이나 증가율을 비롯한 전반적 양상은 매번 예측과 어긋난다. 중국이나 우리나라의 추이만 보더라도 인위적으로 되는 일은 하나도 없다. 예나 지금이나 인구가 자연스럽게 증가하면 폭발할까 억제하려 들고, 줄어들면 경제력이 약화될까 두려워한다. 개인의 경쟁 과열은 막으려 하면서 국가 간 경쟁은 무한으로 여기는 모순적 태도는 인구정책에서도 드러난다. 환경에 대한 관심도 비슷하다. 지구를 구한다는 명분으로 형식적 제도와 수치 조정에만 치우친다는 인상을 지우기 어렵다. 오염과 기후변화의 주범이 진실로 인간이라면, 인구 감소는 환경 보전에 더 큰 도움이 되어야 하지 않은가? 종 사이를 넘나들며 변신에 능한 감염병 바이러스가 좋아하는 환경도 인구밀도가 높은 곳이다.

문제가 발생하면 대증적 대책만 고안하고 수립하는 존재가 정치인이며, 그 도구가 법률이다. 자연스러운 변화에는 민감하지만 자연의 변화에는 속수무책인 인간의 한계는 어쩔 도리가 없다. 그 한계 내에서만 생각하고 대처하는 원동력이 입법자나 법률가의 진지한 낙천성이다.

경계에 서는 법

캐치 미 이프 유 캔

로버트 오펜하이머 Robert Oppenheimer가 이끈 로스앨러모스의 맨해튼 프로젝트에 참여한 리처드 파인만 Richard Feynman은 원자폭탄 개발에 쏟은 열정을 휴식 시간만큼 남겨 금고 여는 법을 익혔다. 재미로 시작한 일이었지만 그는 연구소 기밀 서류함의 잠금장치를 모조리 열어 보안의 문제점을 드러냈다. 처음에는 파인만이 나타나면 눈치를 보며 피하던 동료들도 비밀번호가 도무지 생각나지 않거나 번호를 아는 사람이 갑자기 사망했을 때 가장 먼저 파인만부터 찾았다.

게임을 즐기던 열 살을 갓 넘긴 소년은 서점에서 우연히 컴퓨터 프로그래밍에 대한 책을 손에 넣었다. 책장을 넘기며 빠져든 끝에 그가 발견한 신세계는 해킹이었다. 컴퓨터가 유일한 장난감이었던 소년은 부모와의 타협 끝에 대학에 진학했고, 그다음 해 국제해킹대회 HITB와 코드게이트에서 연거푸 우승했다. 4년 뒤인 2013년에는 라스베이거스에서 열린 데프콘에서 3위를 차지해 세계 최고 기량을 입증했다. 20대 청년은 해킹을 기반으로 특수 사이버 보안 업체를 설립했다. 외계인의 기술을 훔쳐 온다는 의미를 담은 상호를 내걸고 재능 넘치는 젊은이들을 모았다. 회사 창립 목적은 국가기관, 기업, 금융기관 등을 사이버 공격으로부터 보호하는 사이버 보안 생태계를 확립하는 것이었다.

보안 점검을 의뢰받으면 제일 먼저 하는 일은 모의 해킹 penetration testing이다. 성공하면 그것만으로도 보수를 받지만, 뚫린 시스템의 취약한 부분을 보완해 대책까지 마련해준다. 따라서 회사의 주력 인력은 수백 명의 해커다. 그들은 굳이 출근하지 않아도 컴퓨터만 있으면 어디서든 일을 해낸다. 채용에서 해고까지 사용자가 얼굴을 모를 수도 있지만, 업무 성과는 명확하게 기록된다. 해커들의 학력은 미국 아이비 리그 출신부터 국내 고졸자까지 다양하다. 놀랍게도 최고액 연봉자는 전원 고졸자다. 해커들은 고교 유망주가 대학을 거치지 않고 프로 팀으로 직행한다는 점에서 스포츠 선수와 비슷한 면이 있다. 무엇보다 체력이 필요하다. 아무리 견고한 벽이라 하더라도 뚫는 데 몇 개월이 걸

 경계에 서는 법

리면 곤란하다. 해결할 때까지 며칠 밤을 새우는 일은 흔하다. 그런가 하면 바둑처럼 최고 경지에 오른 기량을 지닌 프로 해커도 반짝이며 나타나는 새로운 별에게는 밀린다.

2023년 세계해킹방어대회 데프콘31에서도 한국인이 리더로 참여한 연합 팀이 우승을 차지했다. 한국이나 미국 외에 최고 수준의 해커가 포진한 국가로는 중국, 러시아, 이란, 그리고 북한을 꼽는다.

해킹은 사이버 시스템에 들어가 오작동을 유발하거나 데이터를 비롯한 정보를 빼내는 사이버 폭력이다. 기밀이나 기술을 헤집어놓거나 돈을 절취할 수 있는 도구이기도 하다. 마음만 먹으면 목표 대상을 곤경에 빠뜨리거나 벼랑으로 내몰 수 있다. 악의적 블랙 해킹과 그 공격에 맞서는 화이트 해킹은 서로 뚫으면 막고, 막으면 뚫는 첨단 기술의 술래잡기다.

2022년 여름 법원도서관 시스템에 누군가 침투한 흔적만 남겼다는 소문이 돌았다. 실익이 없어 보이는 도서관 침입은 사법부도 얼마든지 돌파 가능하다는 경고일 수 있었다. 그 이후 더 심각한 보도가 나왔다. 2023년 초 법원 전산망이 뚫렸는데, 북한 정찰총국 산하 해커 조직 라자루스의 소행이라는 추측이 뒤따랐다. 구체적 피해 내용에 대해 법원행정처는 함구로 일관했다. 최근 행정 전산망이 이틀 이상 마비된 사태에도 원인에 대해 언급이 없는 정부의 태도와 흡사하다. 소송의 승패에 모든 것을 거는 대형 로펌은 앞으로 비밀과 전략 유지에 불안할 것이다.

악의적 해킹은 그 자체로 큰 피해를 남기지만, 더 무서운 것은 해킹을 당하고도 그 사실을 모르는 일이다. 알면서 원인을 모르는 경우도 마찬가지다. 보안업체를 경영하는 해커에게 모의 해킹 성공률을 물었다. 대답은 '100퍼센트'였다. 파인만의 말이 떠올랐다. "사람들은 모든 곳에 자물쇠를 채우지만, 자물쇠를 열기가 그리 어렵지 않다는 사실은 잘 모른다."

 경계에 서는 법

유죄와 무죄 들의 사회

형법이나 형사정책의 가장 큰 난점은 절대적 범죄 개념이 없다는 사실이다. 범죄가 무엇인지 모른다면 난감한 노릇이다. 그러나 절대적 범죄 개념은 어디에도 존재하지 않는다. 한때 물리학자들이 세상의 모든 물질을 도체와 부도체로 나눌 수 있다는 생각에 흥분했듯, 인간의 모든 행위를 범죄와 비범죄로 양분할 수 있다면 세상은 훨씬 더 질서정연해질 것이다.

절대적 범죄 개념의 부존재 선언에 시민들은 당황할 수 있다. 범죄를 모른다는 것도 말이 안 되지만, 범죄를 골라낼 수 없다면 사회는 무질서로 곤두박질칠 수밖에 없기 때문이다. '처음부터 범죄인 행위는 없다'는 언명이 불합리해 보일 수 있지만, 범죄와 비범죄의 구분이 모호한 행위로 구성되는 일상은 그 자체로 살아가는 데 큰 문제는 없다. 톱니바퀴에 불순물이 끼어도 기계는 제대로 돌아가며, 마시는 물에 대장균이 섞여도 우리는 건강을 유지한다.

일반인은 범죄를 인간 행위의 본질에서 찾는 것이 아니라 법률의 구성요건에서 발견한다. 그것도 법문을 찾아 읽기보다 언론이 알려주는 대로 인식한다. 보도되는 범죄의 근거가 구성요건이 되는 셈이다. 형사법의 구성요건이 범죄를 구성한다는 법실증주의적 사고는 일상을 살아가는 개개인에게는 구체적 현실의 일부다.

구성요건 이전의 범죄는 무엇인가? 입법자가 구성요건을 정한다 하더라도, 구성요건의 대상이 되는 행위는 근원적으로 존재하는 것이 아닐까 하는 자연법적 사고 역시 도덕적 인간의 자연스러운 발상이다. 그러나 아무리 골몰해도, 이루어지는 순간 범죄가 되는 순수 행위는 없다. 사회적 평가에 의해 범죄가 탄생한다.

평가는 정당한가? 구성요건에 이어 위법성을 따지고 책임의 정도를 저울질하는 평가 작업이 계속된다. 학자, 입법자, 수사관, 재판관 들이 참여한다. 긍정적으로 보면 구성요건은 우리 삶에 필요한 가치의 체계화지만, 냉소적으로 보면 복잡한 사회 체계가 범죄라고 규정하는 것이 범죄가 되고 만다.

이론은 세상을 이해하는 한 측면이다. 다른 측면이 언제나 공존한다. 그리하여 곧잘 회의에 부딪히고 만다. 오르테가 이 가세트Ortega y Gasset의 절대 진리에 대한 회의도 그중 하나다. 세상은 사유 자체로 인식 가능한 것이 아니라, 끊임없는 원근법적 해석으로 평가해나가야 하는 대상일 뿐이다.

하나의 측면이든 반대의 측면이든, 전문가의 전유물로 여겨지는 이론은 인간의 지적 감정에 안정감을 부여한다. 사법의 영역에서는 재판 과정이 이론과 사실에 대한 해석인 동시에 선고된 결과가 판례로서 이론을 구성하기도 한다.

세상의 혼란을 증명하듯 법정의 선고는 요동친다. 수많은 무죄와 유죄가 쏟아져 나온다. 조희연의 유죄도 양승태의 무죄도 비슷한 시기에 섞여 선고됐다.

사법 농단이라 불리는 사건은 우리 현대사에서 하나의 커다란 모순 덩어리처럼 다가온다. 한쪽은 여전히 유죄로 남아 있고, 다른 한쪽은 무죄로 시작한다. 없애야 할 낡은 관행은 유무죄의 결론으로 사라졌는지 여전히 남아 있는지 불분명하다. 그런 폐습이 존재했다면 체계 내에서 수정을 시도해야 옳았는지, 형벌을 수단으로 동원해야 했는지도 의문이다.

정치적 사건의 선고 결과는 사태를 해결하기보다 대체로 혼란을 야기한다. 범죄인지 아닌지 진상을 밝혀내는 것

이 아니라, 모두를 회의적 의문이나 냉소적 체념에 빠지게
한다. 정치적 사건은 범죄도 비범죄도 아닌 행위로 보인다.
표면만 전류가 흐르고 속살은 그렇지 않은 위상 부도체처
럼 기묘하다. 도체도 부도체도 아닌 위상 부도체의 껍질을
벗기면, 그다음 층의 표면이 되는 속살이 도체로 변한다.
사건의 덩어리 표면에 유죄의 낙인을 찍을지 말지, 법원과
심급을 오르내리며 서로 눈치를 보며 밀고 당기는 가운데
합의해나가는 대상이 정치적 사건일까?

 경계에 서는 법

흔들리는 풍경 하나

소크라테스만 하더라도 여느 인간처럼 이중적이다. 지혜와 어리석음이 뒤섞인 존재인데, 후세 사람들이 긍정적 측면만 부각하는 행운을 얻어 사후에 현자가 되었다. 그의 무기는 상대방 말의 허점을 찾아 파고드는 질문이었다. 거듭되는 질문의 수단 역시 말이었다. 글은 불안정하다고 여겼다. 생각을 고정시키고, 볼 때마다 같은 주장만 반복할 뿐 질문에 대답할 줄 모르기 때문이었다. 글이 말보다 어리석은 도구라는 생각이 소크라테스의 어리석음이었다.

소크라테스뿐만 아니라 고대의 많은 철학자는 글을 쓰지 않았다. 붓다나 예수도 말만 남겼다. 저마다 사정은 달랐겠지만, 무엇보다 고대의 독서는 소리 내서 읽어 말을 대신하는 것이었지 사색을 동반한 침묵의 지적 노동이 아니었다. 글보다는 춤이나 노래의 상징성이 본질을 전달하는 데 더 효과적이라고 확신했을 만큼 글의 완전성에 대한 회의가 작용한 탓도 있었을 것이다.

옛 지성인들의 시대적 감각을 어리석음으로 표현하는 것은 지금을 기준으로 한 평가의 결과다. 현미경이나 망원경이 시각을 확장한 것이고 전화나 방송이 목소리를 증강한 것이라면, 책은 기억과 상상력의 신세계일 수밖에 없다는 관점에서 그렇다. 말을 침묵에 가두어버린 것이 책이라는 고대의 불안감에는 두려움도 포함돼 있었다. 말하기 대신 글쓰기를 배우면 기억을 소홀히 해 마침내 집단 망각증에 빠지고 말 것이라는 경고가 한때 당대적 통찰로 존재했다.

인터넷 시대가 전개된 이후, 스마트폰을 비롯한 모든 컴퓨터에 필요한 사항을 저장하면 기억의 이완 현상을 초래할 것이라는 구글 효과에 대한 우려에도 이천수백 년 전 어리석음의 그림자가 어른거린다. AI의 과도한 능력이 기존 질서를 흩뜨릴 수 있다는 경계심까지 가중되면, 분위기는 가끔 흔들린다. 삶의 생태적 패러다임이 바뀌는 전환기에 놓인 개인이나 기관의 권위와 전통은 때때로 애처로워 보이기도 한다.

미국 연방 대법원장 존 로버츠가 2023년 연말 보고서에

 경계에 서는 법

서 밝힌 우려도 하나의 사례가 될 수 있다. "법률가가 아닌 사람도 법률가와 동일한 수준으로 법률문제의 핵심 정보에 접근할 수 있게 해준다"며 AI의 잠재력을 평가하면서도, AI의 단점은 허위 정보를 생성하는 것으로 "법률가가 존재하지 않는 판례를 제출하도록 만든다"고 지적했다. 첨단의 미래를 따라잡지 못하는 구시대의 비애가 섞인 걱정으로 느껴진다.

우리 입법부와 정치권의 감각도 비슷한 상황이다. 2023년 12월 여야는 모처럼 〈공직선거법〉 개정에 합의했는데, 선거운동에 딥페이크 활용을 금지하는 것에 관련된 내용이었다. 이미 발효된 개정 조항에 따라 선거관리위원회는 AI가 만든 가상 음향, 이미지, 영상 등을 단속하기 시작했다. 가짜 뉴스에 해당하는 거짓 정보를 막아야 한다는 의무감의 발로다.

가짜 뉴스는 여러 면에서 가짜 판례와 유사하다. 개념부터 모호하다. 주체마다 자기에게 유리한 쪽에 선을 그어 가짜를 규정하는데, 서로의 간극은 크다. 가짜 판례가 가능한 것은 법의 논리가 길을 열어놓고 있기 때문이다.

부정적 의미의 가짜는 물론 현존하는데, 그 가짜는 모두 인간이 만든다. AI도 인간이 만들었지만, AI가 만든 것 역시 인간이 개입한 결과다. 인간은 자기 책임을 기계에 전가할 때마다 AI의 비인간성을 들먹인다. 가짜의 판별도 사람보다 AI가 더 신속하고 정확하게 한다. 기술 문명은 허위 정보를 쉽게 만들 수 있게 하지만, 마찬가지로 제어도 쉽게 할 수 있게 한다.

말이 글로 바뀔 때와 필사본의 글이 인쇄본으로 바뀔 때 가졌던 인간의 사회적 두려움은 AI 시대에 반복되고 있다. 위기감을 조성하는 실체가 AI의 교활함인지 인간의 어리석음인지 분간하기 어렵다. 보수적 태도를 미덕으로 여기는 법률가와 그 논리에 기대는 정책가들은 어리석음을 신중한 근엄으로 포장해 자존심을 유지한다.

경계에 서는 법

내가 대통령일 경우만의 건국

한 편의 다큐멘터리가 연일 언론의 보도 대상이 되고 있다. 초대 대통령에 대한 사실을 바로잡겠다는 취지의 영화다. 판단을 돕기 위해 헌법과 관련된 이승만의 일부 행적을 되새긴다.

3·1운동 직후인 4월 초, 상하이의 임시정부는 의회에 해당하는 임시의정원을 먼저 구성하고 의장에 이동녕을 선출했다. 국호를 대한민국, 행정부 명칭을 국무원으로 결정한 다음 국무총리에 이승만을 지명했다. 신채호가 강력하게 반대하고 나섰다. 조속한 독립이 어렵다고 판단한 이승만이 국제연맹의 승인을 받아 위임통치를 해달라고 미국에 청원서를 냈다는 이유에서였다. 무기명투표 결과 이승

만이 그대로 확정됐다.

8월 말경부터 임시정부 헌법을 준비하던 안창호는 난감했다. 상하이의 임시정부와 별도로 조직한 서울의 한성정부에서 집정관 총재에 이승만을 추대했다. 상하이에 간 한남수가 뒤늦게 임시정부 수립을 확인하고 한성정부 대회를 중단하라고 전보를 쳤다. 그 사이 미국의 이승만은 영어로 'president', 한글로 '대통령'이라 새긴 명함을 뿌리고 다녔다. 한성정부든 임시정부든 대통령이란 직책은 없으므로 사용하지 말라는 연락이 있었으나, 이승만은 대통령 명칭만큼은 절대 변경할 수 없다고 회신했다. 논란 끝에 정부 형태는 결국 대통령제로 바뀌었다.

상하이의 임시정부와 미국에 체류하는 이승만 사이에는 돈 문제로 인한 잡음이 끊이지 않았다. 이승만은 직접 재정 관리에 나서 미국 모금액 중 20퍼센트에 못 미치는 금액만 상하이로 보냈다. 이승만의 외교 활동을 통한 독립 모색이 아무런 효과를 내지 못하자, 임시정부 일부에서는 독립전쟁을 주장하며 파벌 싸움으로 번졌다.

1923년 4월 임시의정원 의원들이 대통령 탄핵안을 제출했다. 화가 난 이승만은 즉각 임시정부에 대한 독립 자금 송금을 중단시켰다. 1925년 3월 23일 탄핵안이 가결됐다. 탄핵 사유는 "직무지를 5년 동안 마음대로 떠나 있었고", "허황된 사실을 퍼뜨려 정부의 위신을 손상시키고 민심을

경계에 서는 법

분산시켰으며”, “임시 헌법을 근본적으로 부인하는 행위를 한 것”이었다. 면직된 이승만은 선포문을 발표해 자기가 여전히 한성정부의 대통령이라 주장했다.

1948년 5월 10일, 남쪽만의 총선에서 이승만은 동대문갑에 출마했다. 상대는 인기가 높은 독립운동가 최능진이었다. 위기감을 느낀 이승만 진영은 최능진의 입후보 서류를 등록 사무소 앞에서 탈취했다. 강력한 항의에 군정 장관 윌리엄 딘이 이례적으로 최능진 후보의 등록 시한을 연장했다. 이승만 쪽에서 다시 집요하게 물고 늘어져 선거관리위원회로 하여금 후보 등록 무효를 선언하게 했다. 이승만은 단독 출마로 무사히 당선됐다.

5월 31일 최초의 국회가 열렸고, 이승만과 신익희를 국회의장과 부의장으로 선출했다. 유진오를 비롯한 헌법 기초자들이 결정한 정부 형태는 내각제였다. 신익희가 그 내용을 사전에 이승만에게 알렸다. 6월 15일, 예고도 없이 헌법기초위원회 회의장에 나타난 이승만은 반드시 대통령중심제를 채택해야 한다는 연설을 했다. 이승만이 요구한 전원위원회 개최는 압도적 표차로 부결됐다. 이승만은 내각제를 유지하면 자기는 어떤 직책도 맡지 않겠다고 협박조로 으름장을 놓았다. “대통령으로 미리 특정 인물을 상정하고 헌법을 제정해서는 안 된다”는 반대 의견에도 헌법 초안은 대통령제로 둔갑했다.

7월 20일, 국회는 이승만을 대통령으로 선출했다. 이어 치러진 부통령 선거에서 이승만은 어이없게도 북쪽에 연금돼 있는 조만식을 후보로 추천했고, 10표를 얻었다. 이승만이 처음 지명한 국무총리는 북쪽에서 월남했고 사람들에게 잘 알려지지 않은 이윤영이었다. 당연히 부결됐다. "부통령이나 국무총리는 힘없는 사람이 해야 한다"는 것이 이승만의 변명이었다.

이승만의 건국은 대통령 조건부 건국이었다. 발췌 개헌, 사사오입 개헌 등 희대의 초헌법적 행위는 정부 수립 이후의 이승만 편에서 다룰 일이다.

 경계에 서는 법

나의 몸, 나의 선택

레오나르도 다빈치의 천재성도 해석하기 나름이다. 미완성 작품이 태반이고, 실패한 아이디어에, 아예 실현 불가능한 구상도 여럿이었다. 독학하며 그칠 줄 모르는 호기심을 발휘해 세상과 사물을 관찰하고, 기록으로 남겼다. 그러나 타인과 협력하거나 공개적 검증을 받은 적이 없고, 책이나 논문을 내지 않았다. 어느 부분을 어떻게 평가하느냐에 따라 그의 모습은 달라진다.

레오나르도는 인체 해부 연구에도 매달렸다. 상세한 해부도는 감탄할 만하고, 일부 추론은 경이롭다. 심장을 살핀 결과, 대동맥 판막이 닫히는 원리는 일정 구간을 통과하는 혈액의 흐름이 만들어내는 소용돌이 때문이라고 했다. 물과 바람과 곱슬머리에 매혹된 지적 관찰력이 내린 결론이었다. 노트에 기록된 관련 내용은 450년 이상 아포리즘 정도로 취급되거나 아예 읽히지 않았다. 1960년대까지 심장 전문의들의 통설은 대동맥으로 유입된 이후 혈액이 역류되면서 판막이 닫힌다는 것이었다. 옥스퍼드대 연구팀이 방사선 기술로 혈류를 관찰하고 나서야 비로소 레오나르도가 옳았다는 사실을 확인했다.

레오나르도는 꽤 많이 해부했는데, 여성의 시신을 다룰 기회는 없었다. 생명의 잉태와 관련해서는 암소를 해부한 경험을 토대로 그리고 썼다. 자궁 속 태아 스케치는 예술과 과학을 결합한 멋진 작품으로 "한눈에 불안감과 경외심을 자극하는 영적인 아름다움을 지닌 인간의 상태를 포착했다"는 찬사를 받는다.

몇 년이 지난 뒤 레오나르도는 태아 그림 하단에 메모를 붙였다. "배아는 양수에 둘러싸여 있으므로 숨을 쉬지 않는다." 그리고 끝부분에 법률적으로 의미심장한 한마디를 보탰다. "배아는 어머니의 손과 발처럼 여전히 모체의 일부다." 수정 단계부터 생명이 시작된다고 믿던 교회 입장에서는 이단의 주장이었다.

태아에 대한 레오나르도의 생각은 500년이 더 지나 프랑스에서 '여성의 몸은 여성의 것'이라는 원칙으로 실현됐다. 2024년 3월, 프랑스 상·하원 합동 회의는 낙태의 자

     경계에 서는 법

유를 헌법에 명시하기로 의결했다. 지금까지도 낙태를 법률로 금지하지는 않았으나, 더 나아가 임신 중지를 헌법의 권리로 선언하는 단계에 이르렀다. 2022년 여름 낙태 금지를 위헌이 아니라고 번복한 미국 연방 대법원과 대조를 이룬다.

미국 독립전쟁과 제헌 운동, 그리고 프랑스 대혁명과 헌법 제정 과정에서 두 국가는 서로 영향을 주고받았다. 그런데 21세기에 와서 두 헌법은 왜 하나의 문제를 두고 정반대 태도를 보이게 됐을까? 헌법이 살아서 움직이기 때문이다. 헌법은 제정할 때 인쇄된 문자의 의미로 확정돼버리는 상징물이 아니다. 헌법은 성장한다. 시간의 흐름에 따라 바뀌는 정치적 상황, 경제적 사정, 사회적 갈등, 문화적 양상에 따라 헌법의 실질이 변화한다.

헌법이 고정된 절대적 가치를 지니지 않는다고 안타까워할 일은 아니다. 대체로 모든 것이 그렇다. 과거만 하더라도 고개를 돌려 뒤돌아보면 항상 그대로 머물러 있는 것이 아니다. 과거는 현재를 살면서 필요할 때마다 끌어와 의미를 재해석하는 과정에서 가치를 지닌다. 과거도 움직이는 것이다. 지난날 만들어진 헌법이 화강암에 새긴 격률이라면, 현실의 삶에는 잘 맞지 않는 옷에 불과하다.

레오나르도의 뛰어난 통찰은 비밀 노트에 새긴 내면의 지식으로만 머물러 타인과의 소통을 통한 성장의 길이 막혀 있었기에 사상으로 연결되지 못했다. 모든 것은 성장을 통해 인류의 삶에 영향을 끼친다. 다만 그 성장의 방향은 여러 갈래다. 사람마다 추구하는 방향이 다를 수밖에 없다.

총선을 앞두고 벌어지는 우리 정치 현상은 민주주의 이념과 이론적 관점에서는 이해되지 않는 장면이 너무 많다. 저마다 해석한 민주주의를 행동으로 옮기는 형국이다. 민주주의가 움직이며 성장하기 때문일 것이다. 그 방향은 새 질서의 형성에서 파국에 이르기까지 모든 길로 열려 있다.

두 여름의 대위법

공학도를 꿈꾼 소녀가 있었다. 기술을 연마하듯 노력으로
갖춘 실력에 행운까지 겹쳐 처음 개교한 포항공대에 수석
으로 합격했다. 축하 꽃다발처럼 화려한 출발이었지만, 신
입생이 된 그해는 전국 방방곡곡이 민주화의 열망으로 고
양되어 있었다. 군부독재의 마지막 주자가 6·29 선언으로
시민 앞에 굴복했을 때조차 강의실과 실험실은 감정을 배
제한 회색빛이었다. 자연과학과 기계의 물리적 법칙은 사
상이나 이념이 힘을 발휘하는 가치판단의 세계와 달랐다.
멀리 창밖으로 보이는 하늘과 영일만 바다는 푸른색이라
는 점에서 동일했다. 그 배경에 가끔씩 나타나는 배 한 척
이나 구름 한 점이 자신처럼 느껴졌다.

졸업과 동시에 포스코의 전신인 포항종합제철에 입사했다. 겉으로는 엘리트 사원처럼 보였으나 실상은 노동자였기에, 현실에 무심할 수 없었다. 입학 때 맞닥뜨린 격정적이던 아카데미 바깥의 인상은 계속 이어져, 사회에 첫발을 내디딘 초여름, 5·18 광주민주화운동 기념 집회에 나갔다. 정치의 세계는 공학도가 상상하지 못했던 원리에 따라 움직이고 있었다. 예측도 계량도 할 수 없는 힘은 눈에 보이진 않지만 피부에 와닿았다.

그녀의 손을 낚아챈 것은 형이상학의 자기장이 아니라 법이라는 이름의 강제력이었다. 〈집시법〉 위반으로 잠시 연행됐고, 그 사실이 회사에 통보되어 해고됐다. 여름의 문턱에서 벌어진 사건은 충격적이었다. 흔들림의 강도는 앞날의 삶을 송두리째 바꿔버렸다.

고심 끝에 해고 무효 확인 소송을 제기했다. 물을 수 있는 데마다 물으며 받을 수 있는 도움을 받아, 재판을 혼자 수행했다. 법의 세계는 공식과 이론이 난무하는 과학의 영역과 모든 생각을 단순하게 현실의 일부로 만들어내는 정치 영역을 논리적 방식으로 이어주는 역할을 한다는 사실을 깨달았다. 그런 경험으로 얻은 자기 세계의 확장은 승소 이상의 기쁨이었다.

해고는 무효가 되었지만, 직장에 복귀하지 않았다. 다시 법과대학의 문을 두드렸다. 경찰의 완력보다 법관의 말 한마디가 더 큰 영향력을 발휘한다는 사실이 매력적이기도 했지만, 예기치 못한 곤경에 빠진 사람을 구할 수 있는 길이 거기에 있다는 확신 때문이었다.

판사는 또 하나의 직업이었고, 재판은 일상의 업무였다. 똑같은 실험을 수없이 거듭하다 하나의 가설 입증에 겨우 도달하듯, 왜곡된 경쟁의 그늘에서 짓눌린 하나의 인권을 건져내는 일은 결코 쉽지 않았다. 그러나 성공하는 법관이 그렇듯 성실성으로 밀어붙여 자기만의 보람을 일상화했다. 젠더법연구회에 적극 참여하면서 정체성의 폭을 넓혔다. 특허법원에서는 공대 시절에 익힌 정보 시스템을 구축하고 운용하던 기억이 되살아나 가끔 법리와 서로 융합하는 즐거움도 맛보았다.

그리고 마침내 대법관 후보로 제청됐다. 자신의 꿈과 상상력이 종전과 다른 미래 세계의 진보적 사법부를 꾸리는 데 도움이 될 수 있으리라는 사명감에 내면의 불꽃이 조용히 피어올랐다. 하지만 이 여름이 유난히 뜨겁게 느껴지는 것은 자신의 욕망이나 계절의 무더위 탓은 아니었다. 다시 한번 정치 영역의 민주적 검증을 통과해야 하는 단계에 멈칫하고 있다. 30여 년 전 초여름이 이 한여름과 겹치면서 자기 성찰과 현실에 얽매이지 않는 용기가 필요한 지점에 서게 됐다.

특이한 경력의 새 여성 대법관의 탄생에 거는 기대 속에서 준비했던 짧은 글이 보류되는 바람에, 회고를 내일에 투영하는 감상의 덩어리가 되고 말았다. 국회를 이미 통과한 대법관 후보보다 늦어지게 될 그 며칠이 지난날 여름의 일처럼 특별한 의미를 지닐 것이다. 개인이나 국가 모두를 위해 새로운 계기가 될 수 있다.

검사의 사과

재판은 사람이 살면서 필요에 따라 만든 제도지만, 본질은 파고들수록 모호하다. 게임과 마찬가지라면 승패만 가리면 될 텐데, 전쟁처럼 싸우려 든다. 시비를 가려 정의를 실현하는 게 목표라면 사정은 더 곤란해진다. 소장에 나타나는 것은 분쟁의 단면이고, 그 이면에는 사건의 발단부터 행위와 의도가 얽히고설켜 있다. 존 폰 노이만John von Neumann의 한마디가 좌절 또는 위안의 근거가 된다. "수학이 얼마나 단순한지 모르는 것은, 인생이 얼마나 복잡한지 모르기 때문이다."

이기면 당연한 것으로 여기고, 지면 무조건 불복한다. 법원에 대한 신뢰는 교과서용 문구에 불과하고, 패자는 전세를 뒤집기 위해 최후의 수단을 찾아 나선다. 불신하면서도 문제가 생기면 재판에 의존하려는 태도 역시 재판제도의 본질을 생각하게 한다.

재판권은 하늘이 부여한 것이 아니다. 최초의 판단 권한은 분쟁 당사자에게 있다. 사실관계 자체도 그들이 가장 잘 알고 있다. 스스로 권한을 행사해 사태를 해결하면 될 텐데, 굳이 법원으로 달려가 감정까지 불사르고 불만의 가슴만 부여안고 나온다. 분쟁 당사자 스스로 재판권을 행사하는 행위의 미덕을 제도화한 것이 화해와 조정이다. 화해나 조정은 양 당사자가 합의에 이르러야 가능한데, 그보다 더 손쉬운 방법은 한쪽이 먼저 포기하거나 그에 버금가는 양보를 하는 것이다. 한쪽의 양보는 다른 쪽의 양보를 유도한다.

A씨는 국가를 상대로 손해배상 청구를 했다. 고소 사건에 휘말려 검찰청에 조사받으러 갔다가 자신의 전과 기록을 확인하게 됐다. 가끔 세상을 난파선처럼 여기고 비틀거리며 산 탓에 폭행을 비롯한 몇 가지 행적을 달고 다니긴 했지만, 범죄경력조회서 목록에는 자기가 아는 것보다 하나가 더 많이 적혀 있었다. 따져보니 타인의 전과가 잘못 기재된 것이었다. 강력하게 항의하고 절차를 밟아 정정하긴 했으나, 화가 풀리지 않았다. 사과를 요구하다가 끝내 위자료를 달라는 소송에 이른 것이다.

청구 취지는 몇백만 원의 소액 사건이었지만, 판사는 과 감하게 조정에 넘겼다. 조정실에 나타난 피고 소송대리인 은 변론 기일에 출석했던 국가소송수행자가 아니라 검사 였다. 먼저 원고에게 10분 동안 시간을 주면서 하고 싶은 이야기를 모두 해보라고 했다. A씨는 여전히 분이 가라앉 지 않은 상기된 표정으로 주장을 토해냈다. 그러면서 마지 막에 바라는 것은 돈이 아니라 사과라고 했다. 판사는 검사 를 돌아보았고, 순간 검사는 자리에서 벌떡 일어섰다. 상의 단추를 잠그고 매무새를 가다듬더니, 허리를 가볍게 굽히 면서 또렷한 목소리로 말했다. "대한민국 검찰을 대표해서 진심으로 사과합니다."

그 한마디로 모든 것이 종결돼버렸다. A씨는 맺혔던 응 어리가 움켜쥔 주먹에서 빠져나가는 물처럼 사라지는 것 을 느꼈다. 잠시 당황한 기색을 보이더니, 안도의 웃음을 애써 감추며 소를 취하하겠다고 말했다. 젊은 검사가 내린 순간의 결정이 예정된 방안이나 사전 승인된 결론 중 하나 였는지는 알 수 없다. 공권력의 작용에 벽에 부딪힌 듯 어 쩔 줄 몰라 하는 평범한 시민을 위로할 수 있다면, 검사의 형식적 위신이나 국가의 체면이 무슨 소용이 있겠는가. 오 히려 자연인으로서가 아니라 검사로서 자신을 낮춘 결과 가 검찰과 국가의 품격을 세우는 일이 됐다.

검사가 집무실로 돌아가 보고서를 작성하면서 그 과정

에 대해 상세히 언급했는지 여부 역시 확인되지 않았지만,
그날의 검사는 검찰총장이나 법무부 장관도 할 수 없는 일
을 해낸 국가 소송의 대표적 예다.

 경계에 서는 법

어제와 내일의 세계

A대학 앞의 A서점은 마지막 남은 사회과학 책방이라는 이름에 걸맞게 낡은 번역서부터 한국노동사회연구소 신간까지 두루 갖추고 있다. 모퉁이 책상 앞에 앉은 주인은 원칙주의자다. 고집스럽게 도서 정가제를 지키며, 건물주가 임대료를 인상하려 하면 조목조목 부당함을 따져 호통을 쳤다. 진보적 저자 초청 세미나도 열고 주변 중·고등학교에는 배달도 나가지만, 아내의 맞벌이 없이는 운영이 힘들었다. 학생들은 책 살 돈이 부족하거나, 책만 읽기에는 너무 바빴다.

서점에는 희한한 노트 한 권이 비치돼 있었다. 대출 장부였다. 돈이 급한 학생들은 서점을 찾았다. 학생들이 꾼 돈이라야 대개 1만~2만 원, 간혹 5만 원도 있었다. 궁핍한 서점 주인은 자기보다 처지가 딱한 젊은이들을 위한 학생 금고를 겸업하는 셈이었다. 담보는 신분 확인을 겸한 학생증, 당연히 대출 기한과 이자는 정해져 있지 않았다. 대개 학생증을 찾아갔지만, 상당수는 잊거나 포기했다. 몇 년이 지난 뒤 변호사나 국회의원이 청춘의 퍼즐 한 조각을 맞추는 듯 겸연쩍은 표정으로 들어오는 경우도 있었다.

젊은 시절에는 술로 혈기를 진정시켜야 책 읽을 여유가 생기는 법이다. 서점보다 술집에 학생증이 많이 쌓이는 이유이기도 하다. B대학 동기회장은 졸업 30주년 행사 준비로 학교 앞을 오가다 골목 안쪽의 B술집이 그대로 있는 것을 발견했다. 지난날 고모인지 이모인지로 불리던 아주머니의 대를 이어 딸이 운영하고 있는데, 우연히 술집 카운터 서랍 속에 학생증이 가득하다는 사실을 알게 됐다. 종이와 플라스틱 조각이 뒤섞인 그 뭉치는 질권 증서나 전당표가 아니라 전통의 분위기와 학생들의 신뢰가 부여하는 영업 표찰의 상징이었다.

운영진과 의논한 뒤, 회장은 다시 술집을 찾았다. 무지와 미망의 열정이 저지른 역사적 연대채무를 500만 원으로 갚았다. 주인이 자못 아쉬워하며 건네준 300장 가까운 학생증은 행사 당일 특별 기획전의 주인공이 됐다. 아련한 감상이 담긴 영수증에 새겨진 희미한 사진은 보는 사람 저마다

       경계에 서는 법

의 초상이었다.

빌려 쓰든 먼저 사용하든 나중에 갚기로 하는 약속은 법률 체계가 생기기 이전의 일이다. 생활에 나타나는 현상 하나를 묶어 소비대차나 매매로 명명하고 채권이라는 권리를 탄생시키는 순간, 세상은 깔끔하고 질서 정연해졌을지 모른다. 자기가 얻는 이익과 반대급부로 이행해야 할 의무가 감정의 개입 따위 없이 명료해진다. 그것이 사회 발전의 기초가 되는 예측 가능한 경제생활이다.

술집이나 서점 주인에게 규범이 요구하는 경제관념은 없었다. 학생들이 원하는 방식대로 거래하고 도왔을 뿐이다. 그 결과는 마치 특정한 앎을 전하지 않으면서도, 앎의 원인이 되도록 한 것이나 다름없었다. 경제원칙이나 법의 원리를 무시한 영역에서 생성된, 경제와 법의 자양분이었다.

지금 학생들은 서점에서 돈을 빌리거나 외상으로 술을 마시지 않는다. A서점에서 마지막 대출이 이루어진 것은 10년도 더 전의 일이다. 서점 주인은 언제든 돈을 빌려줄 태세로 기다리는데, 지금은 학생들이 서점과의 사이에 형성되는 모종의 작은 경제 공동체를 이용하는 일을 불편해한다. 소액이 필요하더라도, 굳이 타인에게 폐를 끼치고 싶지 않은 개인주의적 성향이 형식에 구애받지 않는 비정형의 연대 의식보다 앞서는 것이다.

진보든 퇴보든 변화를 받아들이는 것은 현재를 살아가

는 신구가 섞인 세대에게 필요하다. 지난 일은 뒤돌아볼 때 아름답지만, 우리에게 필요한 것은 더 이상 학생증이 아니다. 내일을 기약하는 법률가의 세계에서도, 과거를 회상하는 세대의 눈에는 현재를 주도하는 세대의 방식이 친숙하지 않을 것이 분명하다. 그러나 함께 새로운 질서를 받아들여야 한다.

　　　　　　경계에 서는 법

'법대로'의 단순성과 복잡성

행동은 생각 다음 단계다. 생각이 없는 듯한 행동은 비난의 대상이 되곤 한다. 그래서 '생각한 뒤에 행동하라'도 모자라, '한 번 더 생각하라'는 말이 나왔다.

생각이 없어도 문제지만, 너무 깊이 생각해도 곤란하다. 진지한 생각이 꼬리를 물고 끝없이 전개되면 행동할 시기를 놓칠 수 있다. 그뿐 아니라 생겨나는 의문을 칼로 베듯 제거해나가며 사태의 본질에 이르도록 고민하다 보면, 결론을 내리지 못할 가능성도 높다.

행동의 지침이 되는 것 중 하나가 규범이다. 생각할 시간을 절약해주겠다는 듯, 그대로 따르라는 지시가 법의 속성 중 하나다. 법의 단순성이다. 사람보다 법의 명령을 따르라는 원칙은 입법자가 이성적 상태에서 법을 만든다는 사실을 전제한다. 법을 만드는 사람의 마음은 자주 바뀌지만, 만들어진 법은 바꾸기 전까지는 그대로다. 이성적 상태에서 만든 법은 이성을 지니므로, 사람의 비이성적 변덕을 가려낼 척도가 될 수 있다는 믿음이 깔려 있다. 법의 복잡성이 엿보인다.

정치는 생각이 있는 행위인가? 생각 없는 정치 행위가 어디 있으랴만, 우리 정치판은 생각 없는 행동만 보여주는 무대라는 인상을 준다. 여당이든 야당이든 생각은 복잡하고 일치시키기는 쉽지 않을 것이 분명하다. 반면 생각의 결과라 할 행동은 단순하다. 찬성 아니면 반대, 가끔 기권이라는 선택지가 있을 뿐이다. 그래서 결론에 이르는 생각의 과정이 설득력 있게 드러나지 않으면, 아무 생각 없는 행위만 하는 것으로 보인다.

야당의 법률안 제정권과 대통령의 거부권 행사를 보면 그런 생각이 든다. 헌법이 보장하는 두 권한은 피상적으로는 상반된 힘을 배치한 모순적 제도처럼 보인다. 하나의 권한은 다른 권한을 예외로 두고 있다. 뒤집어 말하면, 하나의 권한은 다른 권한의 예외적 상황이다. 이런 제도를 둔 헌법의 이성은 토론, 협상, 양보, 줄다리기, 결단, 관행의 존중 등이 동원되어 균형이 이루어지리라 기대했을 터다.

그러나 정쟁이 벌어져 그 수단으로 헌법의 권한을 행사

 경계에 서는 법

할 때는, 생각의 단계에서 금방 인식의 한계에 도달하고 만다. 권한의 의미와 그 권한을 행사한 결과에 대한 충분한 고려보다 행사 자체가 더 급해진다. 인식의 한계는 해석의 한계에 부딪힌다. 자기 정당이 맞닥뜨린 현실의 장애물을 제거하는 데 효과적인 도구로만 여긴다. 따라서 권한 행사는 법대로 한다는 것, 그 이상도 이하도 아니다. '헌법대로 한다는데 무슨 할 말이 있느냐'는 태도다. 단순성의 극치다.

실제의 정치적 행동은 나름 심각하게 생각한 결과다. 치밀한 전략적 숙고 끝에 당내의 반대까지 물리치고 이른 결론이다. 하지만 그 생각과 고민은 순전히 자기 진영의 사정과 이익만 고려한 것이다. 상대에 대해 '이해할 수 없다'는 태도는 '무시하겠다'와 동의어로 사용되고 있다. 그래서 국민의 눈에는 생각이 없거나 부족한 정치 행위로 보인다.

정치 행위를 공공의 이익을 실현하기 위한 수단이 아니라 상대 정당과 싸워 이길 무기로만 여긴다면, 헌법의 이성이 실제로 작동했을 때 그 권한을 즉시 빼앗아버릴지 모를 일이다. 자기에게 속한 권한을 귀하게 여길 줄 알아야 행사 주체의 자격이 있는 법이다. 싸움에 골몰해 법률 제정권, 거부권, 그리고 재의결권 행사를 쳇바퀴 돌리듯 반복할 경우 자기의 승리는 곧 상대의 승리를, 결과적으로 자기의 패배를 가져올 뿐이다. 그것을 깨달을 정도에 이르러야 생각 있는 정치 행위라 할 수 있을 것이다.

순간과 과정

최근 죽음을 소재로 한 영화 〈룸 넥스트 도어〉가 화제다. 불치병에 걸린 여성이 스스로 안락사를 결행하기로 하고, 친구에게 옆방에서 지내며 도와주기를 부탁한다. 죽음은 순간이 아니라 하나의 과정이라는 것을 보여준다.

실제로 죽음은 순간이 아니다. 사람이 태어나면 죽는다는 사실은 확정적이지만, 죽는 시기는 불확실하다. 죽은 사람도 자신이 정확히 언제 죽었는지 알 수 없다. 의학적 죽음과 법률적 죽음이 다르고, 그 안에서도 학설이 나뉜다. 삶과 죽음의 경계는 극히 불분명하다. 다치바나 다카시의 《임사체험》에 수록된 사례만 보더라도 그 경계를 넘나들다 돌아온 경험자들의 증언이 실감 나게 다가온다.

삶과 죽음이 혼재된 모습은 뇌사와 심장사 사이에서 극적으로 이루어지는 장기이식 과정에서 명확히 보게 된다. 죽음이 한순간에 끝나버리면 불가능한 절차다. 죽음의 신에 대항해 인간이 거두는 부분적 승리다. 죽음의 과정에서는 마치 슈뢰딩거의 상자 안에 든 고양이처럼 산 것도 죽은 것도 아니며, 산 것이기도 하고 죽은 것이기도 하다.

태어날 때도 마찬가지다. 어느 날 언제 출생했는지 말할 수는 있어도, 몇 분 몇 초인지는 짚어내기 어렵다. 태아 기간을 고려하면 인간 생명의 시작이야말로 기나긴 과정이다. 태아는 엄연히 살아 있지만, 태어나지 않을 수도 있다. 삶과 죽음, 그리고 삶 이전의 상태가 섞여 있다. 상속과 관련해서 태아는 미리 인간의 지위를 법적으로 부여받기도 한다.

명확한 것을 선호하는 우리는 자주 '법대로'를 외친다. 그러나 꽤 노력을 기울여도 법대로 하는 일은 쉽지 않다. 희한하게도 무엇이 법대로인지 분명하지 않기 때문이다. 문장으로 서술되는 조문의 의미는 시간과 상황에 따라 흔들린다. 제정했을 때의 취지는 잊히거나 무시될 때도 있다. 법문의 해석과 적용은 일의적이지 않기에 그 자체가 재판이라는 지난한 과정이 된다.

옳고 그름도 순간에 판단할 수 없다. 따지고 설득하고 이해하고 양보해야 비로소 어느 지점에 도달한다. 확장하면 윤리 영역에까지 이른다. 선과 악도 문화적 분위기의 영향을 받는다. 순간은 없고 순간이 이어진 과정만 존재한다. 그러나 우리의 감각은 순간에 의미를 부여한다.

정치적 결정도 예외가 아니다. 유권자로서 개인은 투표 행위를 통해 정치적 의사를 표시한다. 거기에는 정당이나 정치인에 대한 심판까지 포함된다. 하지만 개인의 정치적 판단은 투표소에서 기표하는 순간의 행위가 아니다. 선거 기간 중에는 여론조사의 동향을 비롯한 온갖 보도로 정치 바람을 직간접적으로 맞는다. 투표가 끝나고 당선자가 결정되면, 대통령이든 국회의원이든 임기 동안은 어쩔 수 없이 받아들이는 것이 지난날 우리가 알던 민주주의의 대원칙이었다. 선출된 자 때문에 어떤 고통을 겪더라도, 임기는 인내의 시간이었다. 심판은 다음 선거 때까지 기다려야만 했다.

언젠가부터 이런 원칙도 무너졌다. 임기 중이라도 참을 수 없다면 거리로 나서 투쟁하게 됐다. 직접행동이 민주주의 원칙의 일부로 변환됐다. 투표권을 가진 국민 개인의 정치적 선택 역시 순간이 아닌 끊임없는 과정으로 바뀌었다.

시간은 변화를 가져온다. 시간이 지나면 무언가 바뀐다. 자연의 법칙이 그 시간을 흐르게 하는 것은 아닌 듯하다. 우리의 마음, 의지, 행동이 시간을 흐르게 한다. 법도 정치도 거기서 발생하는 하나의 과정이다. 정치적 삶과 죽음이

 경계에 서는 법

뒤엉킨다. 우리가 역사를 만들어간다.

과거에는 정치적 영웅이 등장해 역사를 이끌어가는 듯했는데, 요즘은 정치 무대의 희비극 배우들이 움직이면 거기에 반응하는 시민의 행동으로 현대사를 써 내려가는 것 같은 느낌이다.

법률의 눈으로 보는 중국

"헌법이란 것을 만든 적은 있다. 세상은 시시각각 변한다. 일이 터질 때마다 헌법인지 뭔지 뒤적거린들 해답이 나올 리 없다. 우리 몇 명이 모여 결정하면 그만이다." 1970년경, 마오쩌둥이 중앙정치국 상무위원들에게 한 말이다.

오랜 내전 끝에 장제스의 국민당을 타이완섬으로 내쫓고, 1949년 10월 1일 공산당은 중화인민공화국 창건을 선포했다. 의용군 행진곡이 울려 퍼지는 베이징의 톈안먼 광장 한가운데 오성홍기가 휘날렸고, 인민해방군은 열병했다. 저녁에는 노동자, 농민, 학생이 붉은 깃발을 흔들며 환호했다. 중국 대륙에 새 역사가 펼쳐지는 개국 대전의 현장에, 모든 것이 있었으나 헌법은 없었다. 장제스의 국민당은

경계에 서는 법

정부를 구성하기도 전에 헌법부터 반포했지만, 중공은 국가를 세우면서 헌법을 생략했다.

마오쩌둥은 헌법이 사회주의 혁명 단계에 들어설 때 필요하다고 판단했다. 건국 당시에는 그 이전 단계인 신민주주의 혁명이 목표였다. 신민주주의를 먼저 완성하고, 그다음으로 사회주의와 공산주의 건설의 최고 단계에 도달한다는 이론이었다.

식민지와 봉건사회에서 벗어나 독립한 민주주의 형태로 전환하는 것이 신민주주의다. 항일전쟁도 그 일환이었지만, 신민주주의 혁명의 주체는 무산계급인 농민이어야 한다는 조건이 중요했다. 신민주주의가 완성되면, 그것을 발전시켜 사회주의를 건설한다. 민주주의 혁명은 사회주의 혁명에 필요한 준비 단계이며, 사회주의 혁명은 민주주의 혁명의 필연적 추세다. 논리는 명확했다.

중국인민정치협상회의에서는 〈정부조직법〉을 먼저 만들고, 수도 명칭을 베이핑에서 베이징으로 되돌린 다음, 원칙을 정리한 공동강령을 채택했다. 1단계에서는 임시 헌법에 해당하는 강령으로 충분하며, 헌법은 필요한 경우 2단계에서 제정하면 된다는 생각이었다.

1952년 마오쩌둥의 지시로 류사오치가 소련을 방문했을 때, 스탈린이 이렇게 조언했다. "서방 세력이 신중국을 반대할 빌미를 줄 수 있으니, 빨리 헌법을 제정하라." 소련을 비롯한 사회주의 헌법, 독일과 프랑스는 물론 중화민국 헌법까지 참조해 초안 작업을 서둘렀지만 1954년 9월에야 헌법을 선포했다. 마오쩌둥 사망 전후 부분적 개헌이 있었지만, 진짜 혁명적 사건은 1978년 덩샤오핑의 개방 선언이었다. 오늘날 중국의 성격을 그대로 반영하는 신헌법은 1982년 작품이다.

대학 입시 제도를 부활하고 자본주의를 도입한 이후 중국은 상전벽해 그 자체였다. 가전제품을 만들어 매출 세계 1위에 오른 하이얼은 일약 가장 유명한 기업이 됐는데, 1984년 장루이민이 사장으로 취임하면서 실시한 첫 번째 사내 규칙은 공장 내 화장실이 아닌 곳에서의 대소변 금지였다.

우리를 위아래로 감싸고 있는 두 나라는 지정학적으로나 역사적으로나 비극적 운명의 씨앗이었다. 남북 분단만 하더라도, 일본이 식민지 침략으로 그 원인을 제공했다면 중국은 한국전쟁 참전으로 현실화했다. 두 국가 모두 원수에서 결코 멀리할 수 없는 이웃이 되어 함께 미래를 엿본다.

중국은 재판을 정치와 떼내서 생각할 수 없다는 법률관을 지니고 있다. 그래서 동일한 사안도 매번 결론이 다를 수밖에 없다는 입장이다. 우리에게 시사하는 바가 크다. 헌법이건 사내 규칙이건, 중국의 법과 재판 이야기는 흥미로운 21세기의 우화가 될 것이다.

서툴고 어수룩한 세상

대교약졸大巧若拙이라는 말이 있다. 진실로 큰 솜씨는 겉으로 보기에 마치 서툰 것처럼 느껴진다는 의미다. 모순어법의 이 표현은 노자의 《도덕경》에 나온다. 대단히 곧은 것은 마치 굽은 듯하고, 진정한 달변가는 어딘가 어눌해 보인다. 고요함은 요란함을 이기고, 차분함은 들뜬 열기를 이긴다.

문화적 배경과 나타나는 양상은 다르지만, 러시아의 유로지비도 그런 유 중 하나다. 유로지비는 일부러 미치광이 행세를 하는 사람을 일컫는다. 가장된 외형은 진정한 의도를 가리기 위함이다. 미치광이의 내면에는 현자가 도사리고 있다.

러시아의 유로지비는 사회주의 체제와 관련지어 살피면

이해하기 쉽다. 혁명 직후 러시아를 지배했던 공식 예술 이념은 '사회주의 리얼리즘 SR, Social Realism'이었다. 레닌은 이탈리아 사회주의자 토마소 캄파넬라 Tommaso Campanella의 소설《태양의 나라》를 읽고 이상적 사회에 대한 영감을 얻은 적이 있었다. 그 감동은 정치가 미학까지 지도해야 한다는 구체적 정책의 하나로 귀결됐다. 1905년에 쓴 논문〈당의 조직과 당의 문학〉에 그 내용이 담겨 있다. 레닌의 논문은 막심 고리키 Maxim Gorky의 장편《어머니》와 함께 SR의 기원이 되었다. SR이라는 용어는 레닌이 사망한 후, 공산당 중앙위원회 서기 안드레이 즈다노프 Andrei Zhdanov가 소비에트 작가 회의에서 공식화했다. 미술은 교육 수단으로만, 시와 음악은 영웅의 행적과 체제를 찬양하는 용도로 사용하는 원칙 같은 것이다.

예술가들도 한때 흥분해 사회변혁에 참여하는 일을 당연하게 여겼지만, 스탈린 같은 독재자에게는 충성하든 저항하든 결국 자기희생으로 귀결되는 결과는 마찬가지였다. 권력에 투항하지 않고도 살아남는 경우, 그 사람은 유로지비임에 틀림없었다. 스스로 바보처럼 처신하면서 은근히 악과 부정을 폭로하는 공공의 광대 같은 존재, 그들은 가장 심오한 이념을 표현하기 위해 의도적으로 거칠고 엉성한 어휘를 골라 사용했다. 모든 농담은 이중 삼중의 의미가 중첩된 우화였다.

 경계에 서는 법

유로지비와 그 유사한 존재는 현실의 정치적 폭력에서 스스로 살아남기 위한 상황의 망명자였다. 그에 비하면 대교약졸을 처신술로 여기는 대가는 광장의 은자였던 셈이다. 진정한 대가에게는 추종자도 많지만, 적은 더 많다. 최고의 경지에 오른 인물이 일부러 서툴러 보이려 하는 것은, 세상을 두려워하기 때문인지 모른다. 그 두려움은 비겁함에서 비롯된 것이 아니라, 항상 우호적이지만은 않은 세상과 친숙해지기 위한 타협책으로 이해할 수 있다.

대가의 외형적 서툶과 유로지비류 인물의 의도된 어수룩함의 빈틈에서 얻는 교훈은 무엇인가? 완벽함에 대한 오해 같은 것이다. 자신에게 결여된 부분이 있어야 타인과의 접점을 찾아 어울릴 수 있다. 자기의 주장을 전부 관철시키는 것보다, 한 부분을 포기하거나 양보하는 편이 더 현명해 보인다. 정치적 이해관계에서 손해를 입지 않으려는 태도보다, 설득하려는 노력이 옳다고 여겨진다. 상대방을 철저하게 굴복시켜야 승리한다는 욕심보다, 패자가 좌절하지 않도록 배려하는 마음이 더 바람직해 보인다.

우리 사회는 명목상 진보와 보수라는 진영 논리의 늪에 빠진 지 오래다. 지식인 중 상당수는 솔직한 비판이나 항의를 드러내는 대신 잠자코 지내는 것이 더 현명하다고 여긴다. 국가권력이 아닌 여론을 두려워해서다. 모두가 모든 문제에 대해 자기주장을 내세운다. 모든 사람이 전문가 아니

면 비평가가 된 세상이다. 법률가, 정치인, 여론을 주도하
려는 사람은 더 적극적으로 나선다. 저마다 너무 똑똑해서
협의가 불가능한 듯 보인다. 조금 서툴러 보이면 오히려 가
능성이 열리지 않을까 싶을 정도다. 어느 누가 외치는 소리
도 완전한 민주주의는 아니다.

경계에 서는 법

서울과 군산의 바나나 껍질

얼마 전 환경 전문가의 칼럼을 읽었다. 요지는 플라스틱 쓰레기에 너무 죄의식을 가질 필요 없다는 것이었다. 환경오염에 그다지 큰 영향을 끼치지 않아서라기보다, 우리나라를 비롯한 선진국은 플라스틱 쓰레기를 거의 배출하지 않기 때문이라는 근거를 제시했다.

영국의 논문을 인용한 칼럼니스트의 주장은 이렇다. 전 세계에서 한 해에 방치되는 플라스틱 쓰레기 총량은 5,210만 톤이다. 절반가량은 소각되고, 나머지는 흩어져 오염을 유발한다. 인도, 인도네시아, 나이지리아 등이 수백만 톤씩, 사하라 이남 아프리카에서 1,000만 톤 이상을 배출한다. 유럽, 북미, 오세아니아의 선진국은 모두 합쳐 45만 톤 정도다. 개발도상국과 선진국의 국민 1인당 방치되는 플라스틱 쓰레기 양의 비율은 100 대 1이다. 하천을 통해 바다로 흘러가는 플라스틱 쓰레기를 연 100만 톤으로 추정할 때, 필리핀은 35퍼센트 이상을 단독으로 배출한다. 한국은 겨우 387톤이다. 우리의 플라스틱 재활용률은 무려 80퍼센트 수준이다.

2~3년 전 다큐멘터리를 다시 돌려본다. 플라스틱 재활용에는 소각되는 양뿐만 아니라 수출되는 양도 포함된다. 수출 대상국은 플라스틱 배출량이 매우 높게 집계되는 동남아 저개발 국가다. 쓰레기는 수입국이 아니라 수출국에서 돈을 낸다. 쓰레기 처리 요금인데, 실제로는 보관 요금이다. 가난한 나라는 플라스틱을 처리할 비용조차 없다. 오직 그 나라의 땅이 오염을 견디며 쓰레기를 보듬어 경제 수지에 기여하는 것이다. 유해 폐기물 이동을 규제하는 바젤 협약은 도구 역할도 하지 못한다. 2019년 유럽연합EU 국가가 아시아에 수출한 플라스틱 쓰레기의 양은 150만 톤 이상이다. 그 직전에 우리나라는 6,500톤을 필리핀으로 보냈는데, 그린피스가 적발해 반송하는 소동이 벌어졌다. 눈송이 같은 진실의 파편에 불과하다.

수출하고 남은 쓰레기를 재활용한다고 하지만, 일부 통계에서는 27퍼센트라고 하고 다른 주장에 따르면 겨우 10퍼센트에도 못 미친다고 한다. 실제로는 극소수의 양이 재활

　　　　　　　경계에 서는 법

용되는데, 엄청난 비용이 든다. 그나마 재활용하고 난 뒤에는 다시 플라스틱 쓰레기로 남는다. 온갖 통계가 난무하지만, 어떤 유리한 것을 포함하고 불리한 것을 제외하는지 불분명하다.

정부나 지방자치단체는 플라스틱 관리를 목표로 시민들을 감시 대상으로 삼는다. 페트병은 본체, 레이블, 뚜껑을 분리하도록 지시한다. 비닐에도 찢어지는 것과 늘어나는 것이 다르다고 교육한다. 상품을 제조해 판매하는 회사는 한쪽 귀퉁이에 갖가지 기호와 표시로 장식하며, 시키는 대로만 잘 따르면 아무 문제 없다는 듯 나선다. 플라스틱을 팔아 돈을 벌면서 플라스틱으로 인한 오염은 소비자가 잘못 처리한 탓이라는 식이다.

분리배출의 양상도 비슷하다. 2013년 처음 도입된 음식물 쓰레기 분리배출제가 환경보호에 얼마나 기여하는지 사실 아무도 모른다. 시민을 상대로 한 눈가림용 훈련에 불과한 것은 아닌지 의심하는 눈초리도 상당하다. 바나나 껍질은 서울에서는 음식물 쓰레기이고, 군산에서는 아니다. 춘천에서는 생선 가시를 음식물 쓰레기로 분류하지만, 서울에서는 종량제 봉투에 담아 버려도 된다.

환경부에서는 쓰레기 관리 자체를 지방자치단체에 맡기고, 지방자치단체는 저마다의 판단에 따라 기준을 마련한다. 조례, 규칙, 법령으로 제도를 짜맞춘다. 규범은 일단 만들어놓으면 살아 움직일 것 같지만, 스스로 태생의 근원을 알지 못하기에 제정의 취지를 성취하는 데 번번이 실패한다. 규범을 만드는 입법자가 단면만 보고 겉치레 성과에 급급하기 때문이다. 그 결과, 가치는 사라지고 법은 일시적 도구로서만 존재한다. 쓰레기에만 국한된 문제가 아니다.

민주주의 기상예보

화씨 451도. 섭씨로 바꾸면 233도다. 물이 끓는점의 두 배 이상이니, 일상에서 친숙한 온도는 아니다. 이해하기 쉽게 설명하자면, 종이가 타기 시작하는 온도다. 레이 브래드버리Ray Bradbury의 소설《화씨 451》이란 제목에서 알 수 있다.

미국 일리노이주 출신인 브래드버리는 1950년 SF 잡지에 〈방화수〉라는 단편을 발표했는데, 반응이 좋아 장편으로 늘려 쓰기로 했다. 3년 뒤 창간한 성인 잡지 〈플레이보이〉 제2호부터 세 차례 연재한 내용을 모아 출간한 것이 《화씨 451》이다. 소설이 묘사한 미래는 사람들의 생각을 통제하는 장치가 작동하는 사회다. 세속적이고 통속적인 정보만 찾고, 빠르고 간편한 문화에 중독된 사람들이 체제에 대한 비판적 사고를 하지 못하도록 독서 행위를 불법으로 규정한 세상 이야기다. 주인공 몬태그의 직업은 불을 끄는 방화수防火手가 아니라 책을 태우기 위해 불을 붙이는 방화수放火手다. 간첩을 색출하듯 몰래 책 읽는 사람을 찾아내고, 압수한 책을 쌓아 태운다.

전체주의 사회의 일면을 확대한 암울한 미래 소설로 조지 오웰George Orwell의 《1984》보다 더 실감 난다는 평가도 받았다. 의미심장한 한마디가 작가 인터뷰에 나온다. 책을 태우는 행위는 인간의 사고를 통제하려는 폭력적 정부보다 책을 싫어하는 보통 사람들이 먼저 시작한 것이나 마찬가지라고 했다. 그런 사람들은 괴물 같은 권력이 나서서 정보 유통을 관리해도 눈 하나 깜짝하지 않고 방관하며 민주주의를 병들게 한다는 지적이었다.

국가권력에 의한 제도적 검열은 더 이상 의미가 없을지도 모른다. 모든 사람이 모든 사람을 상대로 검열하고 있기 때문이다. 우리 사회도 점점 그렇게 변모해가는 중이다. 정치적으로, 종교적으로, 경제적 이해관계에서, 진보와 보수라는 각자의 입장으로 다른 사람의 생각을 감시한다. 옳음을 기준으로 어긋남을 판단하는 방식은 자기편인지 다른 편인지 감별하는 시선으로 바뀌었다. 다양한 생각의 차이를 어떻게든 내 편과 네 편이라는 두 개의 큰 카테고리 중 하나에 밀어 넣어 분류한다.

경계에 서는 법

만인의 만인에 대한 감시는 활발한 민주주의의 바람직한 진행이 아니라 혼란을 야기하는 양상이다. 생각과 표현의 제한으로 민주주의가 병드는 것에 반발해 무한정으로 나아가다 보니 다른 형태로 병적 현상이 나타나는 형국이다. 정치적 신념의 양극화는 타인의 생각을 감별하고 감시하는 데 그치지 않고, 자기주장을 적극적으로 밝히는 방식으로 주류가 되었다. 의지가 강해질수록 자기와 다른 타인의 생각을 태워 없애버리려 든다. 태워야 이긴다고 여긴다. 민주 시민의 입이 정치적 적의 견해를 소각하는 화염방사기로 바뀌어간다.

그런 싸움에서 책은 더욱 필요하지 않다. 읽지도 않는 책은 굳이 태울 필요조차 없다. 입으로 불을 내뿜어 상대를 제압하려는 싸움에는 SNS가 훨씬 효율적인 무기다. 가벼운 것이 압도적으로 빠르다. 영상도, 메시지도 짧을수록 강력하다. 민주주의는 온갖 도구로 자기주장을 내뱉어도 두렵지 않은 사회가 돼버렸다.

재미있는 것은, 실제로 종이를 태우는 발화점은 화씨 451도가 아니라 섭씨 451도라는 사실이다. 아마 브래드버리가 책을 쓸 때 착각한 모양이다. 누구든 흥분하면 자기 입에서 나가는 말이 얼마나 뜨거운지 제대로 느끼지 못한다. 활력 넘치는 민주주의는 바람직하다. 다만 자신의 정치적 에너지가 내뿜는 온도가 민주주의의 취약한 부분을 태우지 않도록 조심해야 한다.

산불을 감시하지 않으면 자연과 재산을 태우고, 정치적 열정의 발산을 절제하지 못하면 민주주의를 태운다. 그러나 우리는 뜨거움을 견디는 훈련도 해야 한다. 지금부터 가까운 미래에도 우리 민주주의의 기온이 그럴 텐데, 그것은 자연재해가 아니라 우리가 만들어내는 환경이기 때문이다.

영웅은 없다

저것이 영웅인가? 종로 1번지 빌딩에서 창밖을 내다보면 언제나 변함없는 모습의 두 인물이 눈에 들어온다. 김훈이 장편소설 《칼의 노래》를 완성해놓고 처음 생각한 제목이 '광화문 그 사내'였다는 에피소드가 떠오른다.

그것이 영웅이다. 박제된 이미지, 비바람에도 끄떡없는 청동으로 굳혀놓은 형상이 숭배의 대상이다. 그들의 모든 인간적 결점은 쇠를 녹일 때 함께 사라졌다. 빛나는 청동은 현대판 신화다.

대통령 선거에서 유권자는 영웅을 기대할까? 그렇지 않을 것이다. 그러나 그렇게 보일 때가 많다. 후보자들이 공약을 내걸 때마다 누가 진짜 영웅이 될 것인가를 두고 경합하는 듯한 착각에 빠지곤 한다. 현혹된 지지자들이 환호하면, 환각 상태에서 일시적 영웅이 탄생한다.

인류의 역사, 혹은 정치사에 영웅은 있는가? 영웅화된 인물은 많아도 영웅은 없다. 사람들이 머릿속에 그리는 영웅은 절대적 영웅이므로 더욱 존재할 수 없다.

영웅화된 인물의 예를 든다면, 링컨이 있다. 북부의 몰표로 겨우 대통령에 당선된 링컨은 엄청난 희생을 초래한 남북전쟁을 선택했다. 노예해방 때문이 아니라 이탈하려는 남부의 주들을 연방에 묶어두기 위해서였다. 노예해방은 정부의 권한이 사실상 미치지 못하는 지역에서만 선포됐다. 손이 닿지 않는 곳의 노예만 해방되고, 당장 해방할 수 있는 노예는 그대로 남겨졌다. 선언의 결과 해방된 노예는 거의 없었지만, 해방되더라도 노예는 모두 아프리카 등지로 보내고 백인만의 미국을 꿈꾸었다. 트럼프의 공화당 정치 선배답게 당시에도 높은 관세 부과로 정부 재정의 안정을 도모했다. 말도 자주 바꾸어 정직한 거짓말쟁이라는 비아냥도 따랐다. 링컨의 가장 큰 업적은 지금과 같은 통일된 대국가를 유지하도록 만들었다는 것인데, 반연방파가 볼 때는 헌법을 무시한 독재였다.

하나의 예로 부족하다면, 간디도 있다. 성인이 아닌 정치인 간디는 인도 독립운동사에서 민중을 하나로 단결시킨 청렴한 인물이지만, 무슬림을 포용하는 것을 거부해 파키

    경계에 서는 법

스탄 건국을 초래했다. 제1차 세계대전 때는 징병관을 맡아 인도 청년들을 총알받이로 전장에 내보냈다. 우선 제국이 안전해야 인도의 자치(스와라지)를 얻을 수 있다는 논리였다. 혁명가 바가트 싱을 처형하도록 영국인 총독에게 요청한 사실까지 살펴보면, 간디에게 폭력과 비폭력은 전략과 전술에 따라 바뀔 수 있는 개념이었다.

그럼에도 간디와 링컨이 대단한 지도자로 대우받는 것은 결과적으로 과보다 공이 크다고 판단하기 때문이다. 역사적 평가에는 운도 따라야 하지만, 두 사례와 정반대 경우도 많다. 현재에 대한 혐오와 미래에 대한 불안이 가끔 우리를 과거로 고개 돌리게 만드는 것이다.

텔레비전의 대선 후보 토론회를 보면 예능 프로 같기도 하다. 최고 인기 연예인처럼 매력적이면서 영웅의 힘을 발휘하는 대통령의 이미지를 만들려 한다면, 점점 비현실적인 수렁에 빠지게 된다. 우리 현실에 필요한 대통령은 위대한 지도자가 아니라 원만한 국정 운영자다. 큰 실수를 하지 않고, 실수보다 약간 더 많은 공적을 이룰 만한 사람이면 충분하다.

위험해 보이는 인물도 기회가 보장된다면 링컨이나 간디처럼 될 수 있다. 영웅의 자질을 갖춘 듯한 인물도, 간디나 링컨처럼 실망스러운 선택을 할 수 있다. 링컨과 간디는 고유명사가 아니라 현재의 모든 정치인을 지칭하는 이름 중 하나다. 선거 결과에 흥분하거나 낙담할 필요가 없다. 당선된 대통령에게 표를 던지지 않은 사람들의 냉정함과 침착함이 새 정부가 잘못된 길로 빠지는 실수를 막을 것이다.

새 '바보배'의 출범

1494년에 출간된《바보배》의 부제는 '바보들에 관한 원전'
이다. 저자 제바스티안 브란트Sebastian Brant는 신성로마제
국으로 불리던 독일 슈트라스부르크에서 태어나 스위스
바젤대학에 다녔으며, 그곳에서 법학 교수로 강의했다. 법
률·정치·종교에 대한 글은 물론 라틴어로 시도 쓰다가, 종
교개혁 직전 중세 사회의 타락한 모습을 신랄하게 풍자한
《바보배》를 완성했다.

권력에 기대 눈앞의 이익만 좇는 바보, 재물을 탐하는 바
보, 낭비와 쾌락에 빠진 바보, 말과 행동이 다른 바보, 질투
와 증오에서 헤어 나오지 못하는 바보, 아이들 앞에서 창피
한 줄 모르는 바보, 일은 안 하고 그저 먹으려는 바보, 노름

에 빠진 바보, 점괘에 매달리는 바보 등 각양각색이다. 왕에서 농부에 이르기까지 성직자, 귀족, 학자, 관리, 군인, 법률가, 상인이 모두 바보배를 타고 떠난다.

저자는 머리말에 바보배 이야기를 쓴 이유를 밝혔다. "세상 모든 겨레와 나라에 쓸모 있고 약이 되는 교훈을 베풀고 다그치며, 지혜와 도리, 바른 풍속을 세우고, 나아가 사람들의 어리석음과 미망, 그릇됨과 몽매를 조롱하고 징벌하기 위해, 혼신의 힘을 쏟아 법학 박사 학위 두 개를 소유한 제바스티안 브란트가 바젤에서 이 책을 집필했다."

악덕과 어리석음에 빠진 인간들이 모인 부조리한 사회의 광경을 읽고 각성해 좋은 나라를 만들자는 취지다. 저자 자신도 배 맨 앞쪽 책 속에 파묻혀 박식한 척하는 바보로 자처한다. 문맹인 독자를 위해 알브레히트 뒤러Albrecht Dürer의 작품으로 추정되는 목판화도 곁들였다. 112개의 장에 빠짐없이 들어간 그림은 보기만 해도 자기가 어디에 해당하는지 알 수 있는 바보거울 역할을 한다.

의술을 배우고도 병을 고치지 못하는 의사도 비웃지만, 자신이 법학자인 만큼 법률가에게도 신랄하다. "강도는 남몰래, 변호사는 대놓고 껍데기를 벗긴다네!" "그놈의 돈이 원수지 다른 이유가 있겠나? 한 놈은 펜을 들고, 다른 놈은 칼을 들었다는 차이뿐" "따지고 보면 둘 다 없으면 안 될 존재 아니겠나?"라며, 강도와 변호사에게도 바보배에 승선

     경계에 서는 법

할 것을 권유한다. 단, 자비 부담으로.

《바보배》가 법률가에게 더 의미 있는 것은 제71장 때문이다. 원래 정의의 여신상은 눈을 부릅뜬 채 한 손에는 칼을, 다른 손에는 천칭을 들고 있다. 옳고 그름을 저울질해 단칼에 집행한다는 의미다. 그런데 언젠가부터 눈이 가려진 여신의 형상이 등장했는데, 이는 《바보배》의 삽화에서 시작된 것이다. 선입견 없이 공평무사하게 판단한다는 뜻으로 해석되지만, 와전된 것임을 확인할 수 있다. 제71장의 제목은 '시비 걸고 소송 거는 바보'다. 어린애처럼 싸움질이나 일삼는 바보들이 진실의 눈을 가린다는 내용으로, 바보 한 명이 정의의 여신 뒤에서 헝겊으로 눈을 감싸는 그림이 붙어 있다.

바보들은 자기의 이익을 위해 정의와 진실도 숨기려 한다. 법과 재판의 세계에 국한된 우화가 아니다. 우리의 정치 공동체가 대형 선박이라면, 우리는 누구나 예외 없이 거기에 올라탄 바보다. 너와 나 모두가 바보라는 사실은 아우구스티누스가 서양철학의 한계로 언명한 한마디가 증명한다. "이성적 판단을 훈련받은 사람들이 왜 비이성적 행동을 하는가?"

바보배는 여기저기서 수시로 출항한다. 브란트 시대 바보배의 목적지는 이성과 지혜의 근대성이 꽃피는 언덕이었다. 우리도 2025년 6월을 맞아 새 바보배를 띄웠다. 기항지에 도착하면 우리는 현명해질 수 있을까? 모두가 바라는 저편 더 나은 세상에 무사히 도달할 수 있을까?

　―바보 나라의 바보 변호사 씀.

공정한 사회

사람들은 진실과 일치하는 정의는 크게 고려하지 않는다. 호기심의 대상이기는 하나, 집착하지 않고 공정성에 더 관심을 가진다. 공정하기만 하다면 현실의 정의는 상당히 실현되는 것으로 여긴다.

이론상의 정의는 진리나 진실이 아니라 공정한 분배의 문제로 다룬다. 아리스토텔레스나 존 롤스와 다를 바 없다. 보편적 정의보다 배분적 정의가 일상의 불만을 해소하는 데 유용해 보이기 때문이다. '각자에게 각자의 몫을'이 분배의 정의라면, 마땅히 가져야 할 몫에서 '마땅히'가 핵심이다. 응분의 몫이라고 표현하기도 하지만, 마땅한 응분은 구체적으로 잘 드러나지 않는다. 몫을 나누는 기준만 명확하고 다수가 동의한다면, 쉽게 해결될 것처럼 보인다.

그러나 아무리 객관적 기준을 마련해 적용한다 해도, 적게 받는 사람은 불만을 가질 수밖에 없다. 불만이 커지면, 사회적 정의는 멀어진다. 정의는 객관적 개념처럼 보이지만, 사회 구성원의 주관적 요소가 정의의 운명을 좌우하기도 한다. 그래서 《정의론》에서 다루는 나눔은 단순한 배당이 아닌 응분의 배분이 된다. 정당한 배분이 사회적 협동 체계를 유지할 수 있도록 만든다.

응분의 배분은 유형의 재화만 대상으로 하는 것이 아니다. 권리는 물론, 명예 같은 추상의 관념도 배분의 대상이다. 재판은 개개인이 일상에서 자기 것으로 전유하고 향유하려는 것의 마땅한 배분을 시도하는 작업이다. 정치는 사회 각 영역에서 분배가 원활히 이루어지도록 정책을 수립하고 제도를 설계하는 일이다.

마땅함의 기준만 분명하다면 어려울 일은 줄어들겠지만, 절대적 기준은 존재하지 않는다. 많은 사람이 관심을 가지는 학교 성적을 예로 들어보자. 문제와 정답이 명확하다면 점수는 매우 분명한 기준이 된다. 시험제도야말로 공정한 수단이자 제도로 여겨진다. 그런데 정답이 분명하지 않은 경우가 생긴다.

2013년 치른 대입 수능시험 세계지리 과목에서 '유럽연

합의 총생산액 규모가 북미자유무역협정NAFTA보다 크다'
는 것을 정답으로 요구하는 문제가 출제됐다. 시험이 끝난
뒤, 2012년부터 총생산 규모가 역전됐다는 통계를 제시하
며 오답을 주장하는 수험생이 나왔다. 평가원은 교과서에
기술돼 있는 것이 정답이라며 이의를 받아들이지 않았다.
새 통계는 아무리 빨라도 2013년 이후 나왔으며, 교과서는
그 이전의 다른 통계를 바탕으로 한다. 행정소송이 제기됐
는데, 상·하급심 결론이 달랐다. 그 뒤로 거의 매년 오답 논
란이 줄을 이었다. 가르친 대로 대답하는 것이 맞는가, 객
관적 사실에 부합하는 것이 정답인가? 배운 적도 없는데
우연히 객관적 사실을 맞혔다면? 통계는 객관성을 담보하
는가?

대학 강의실은 학점 배당 부스로 변모한 지 오래다. 언젠
가부터 출석 점수가 등장했는데, 오답 가능성이 없는 평가
항목이다. 하지만 평가 기준이나 목적이 무엇인지 따져보
면 모호하다. 학업 능력을 측정한다면, 수업을 제대로 듣
지 않은 학생과 결석을 전혀 하지 않은 학생이 같은 점수
를 받을 경우 전자의 학생이 더 우수하다. 그렇다면 성실한
태도를 기준 요소로 추가해 공정성을 정당화하려 애쓰게
된다.

이토록 공정한 판정이 어려우니 정의로운 사회가 이루
어질 리 만무하다. 정의 실현의 최대 장해물은 불의가 아니

라 다른 정의이기 때문이다. 이런 복잡한 문제를 가능한 한 원만하게 설득해 불만을 최소화하는 것이 공정한 사회를 통해 정의로운 국가에 다가서는 방법이다.

복수의 방법

이란 영화 한 편이 국내에서 세계 최초로 개봉됐다. 자파르 파나히Jafar Panahi의 〈그저 사고였을 뿐〉인데, 2025년 칸영화제 황금종려상 수상작이다. 체불된 임금을 요구하다 끌려가 눈을 가린 채 고문을 당한 경험이 있는 주인공이, 훗날 우연히 도움을 청하는 어떤 남자의 목소리만 듣고 그가 자기를 고문한 정보원임을 알아챘다. 심한 정신적 후유증에 시달리던 주인공은 그 사내를 납치해 생매장할 기세로 덤볐다. 그러나 사내가 한사코 부인하는 바람에 그가 고문한 정보원이 맞는지 의심이 들었다. 자칫 잘못하면 고문 피해자였던 자신이 린치 가해자가 될 수 있기에, 결정적 순간에 주저하며 신중해졌다. 주인공은 그 사내를 끌고 다른 고문 피해자들을 찾아다니며 정체를 확인하려 했다. 이 영화는 이란에서 반체제 인물로 두 차례 투옥됐던 감독 자신의 경험에서 나온 이야기다.

미국에 망명한 김대중과 가택 연금된 김영삼 대신 민주화추진협의회 공동의장 권한대행을 맡았던 6선 의원 정치인 김상현도 정보기관에 끌려가 고문을 당한 적이 있다. 박정희의 유신 체제에 반대했다가 중앙정보부에 연행됐다. 남산인지 어딘지 알 수 없는 지하 조사실에 들어서는 순간 몰매를 맞았다. 훗날 본인 스스로 만들어낸 우스갯소리에 의하면, 수사관이 5분만 시간을 주었어도 고문을 당하지 않았을 것이라 했다. 상대가 누구든 설득할 수 있다는 자기 언변에 대한 자신감의 표현이었다.

2년의 감옥 생활을 마치고 출소한 뒤, 김상현은 수소문 끝에 자신을 고문했던 수사관을 찾아갔다. 약간 놀란 듯, '귀찮게 왜 이러나' 하는 표정을 짓는 그에게 이렇게 말했다. "너무 미안하게 생각하지 않아도 됩니다. 당신의 본심은 그렇지 않다는 것을 잘 알아요. 제도와 세상이 그렇게 만들었을 뿐입니다." 다소 생뚱맞다는 듯한 표정의 그를 뒤로하고 돌아왔다. 그 사실을 안 주변 사람들은 굳이 그럴 필요까지 있느냐고 했지만, 그것으로 그치지 않았다. 가끔 전화로 안부를 묻기도 하고, 명절에는 작은 선물도 보냈다. 그 수사관이 부친상을 당했다는 소식을 듣고는 문상까지 갔다. 얼마 후 시내를 걷다가 두 사람이 마주쳤다. 그 수사 관은 김상현을 보자마자 바로 그 자리에서 무릎을 꿇고 머리를 숙였다. 이것은 2018년 4월 서대문 가재울성당에서 열린 김상현 영결식에서 신부 함세웅이 추모객들에게 들려준 회고담이다.

나쁜 행위에 대한 제도적 응징은 국가의 형벌이지만, 누구나 복수의 감정을 완전히 떨쳐버리지 못한다. 형벌권의 행사를 바라보는 시선도 어느 정도 복수를 기대한다. 어떤 형태로든 복수는 가능하다. 복수한다면, 그 대상은 행위인가 행위자인가? 영화 속 피해자에게는 당한 행위가 일차적 관심의 대상이었다면, 김상현은 행위자에게 비중을 두었다. 영화 속 등장인물도 처음에는 즉각적인 복수의 폭력성이 촉발됐다가, 시간이 흐르면서 한 걸음 물러나 생각할 여유를 가졌다. 가해자도 일상에 둘러싸인 인간이라는 뜻밖의 사정도 이해하게 된다. 결국 행위는 행위자와 분리할 수 없다는 당연한 결말에 이른다.

행위를 제거하듯 행위자를 응징하면, 직접적이기는 하지만 효과는 의문이다. 행위의 주체인 행위자의 교화에 치중하면, 효과적일지 몰라도 기다리기 어렵다. 조금 깊이 생각해보면, 행위자가 행위를 하게 되는 데는 사회 환경과 제도 탓이 크다는 사실을 알게 된다.

국가의 일차적 관심은 행위와 같은 현상이다. 현상에는

원인이 있지만, 그 원인의 더 근본적인 원인도 존재한다. 제도의 개혁이나 입법이 어려운 이유다. 신중하면 효과가 없을까 걱정한다. 단호하면 본질적 문제의 해결과 먼 듯 보인다. 시민의 마음은 왔다 갔다 한다. 그러나 변화를 바라는 마음은 언제나 존재한다.

 경계에 서는 법

3장

믿음의 법

우리는 왜 불완전한
약속을 믿는가

최소의 요구, 최대의 기대

몇 년 전의 일이다. 신입 변호사들이 점심 식사를 하면서 일제히 받은 이메일 내용을 화제 삼아 이야기하고 있었다. 누군가 연구 목적으로 돌린 설문 조사 형식의 메일이었는데, 질문은 "판사가 갖추어야 할 가장 중요한 자질은 무엇인가?"였다.

답변으로 제시된 항목은 10개 남짓으로 꽤 많았다. 법률 지식은 기본이었다. 그것도 정확하고 풍부할 것을 요구했다. 정의감이나 강직성이 뒤따랐다. 청렴성도 빼놓을 수 없었을 터다. 법률 외의 지식과 폭넓은 세계관도 포함되어 있었다. 없는 것보다 있는 것이 더 나은 판결로 이어질 것 같은 인상을 주었다. 역사관과 국가관도 포함되어 있었는데,

가끔 국민의 자존심이 달린 재판도 등장한다는 사실이 떠올랐다. 성실성도 당연히 필요할 듯했는데, 재판을 마냥 미루어 당사자를 지치게 해서는 안 되기 때문이다. 경청하는 태도 같은 세세한 항목도 있었지만, 눈에 띄는 것은 친절이었다. 친절하면 더할 나위 없이 좋겠지만, '친절하기만 해서 제대로 재판이 될까?' 하는 엉뚱한 생각이 들었다. 신기하게도 체력이라는 현실적 요건이나 현명함 같은 극히 추상적인 덕목은 빠져 있었다.

호기심이 발동해 질문을 던졌다. "그런 요건을 모두 갖춘 판사가 얼마나 된다고 생각하는가?" 아무도 대답하지 않았다. "그런 판사가 한 사람이라도 존재한다고 생각하는가?" 돌아온 것은 애매한 미소뿐이었다. "우리나라가 아니라 전 세계에 그런 판사가 몇이나 있을 것 같은가?" "판사가 아니라 성직자를 포함한 모든 인간 중에 그런 사람이 있는가?" 질문이 거듭될수록 대답의 기미는 점점 사라졌다.

우리는 구호를 외치듯 습관적으로 법관의 조건을 논한다. 과도해 보이는 요구 사항을 액면 그대로 고집한다면, 그것은 판사라는 직책을 아무에게나 맡길 수 없다는 공적 의식의 발로라기보다 누구라도 진짜 판사가 될 수 없다는 시기와 질투가 투영된 반작용에 가깝다. 그러나 일반인의 감각에서 판사의 자격으로 요구하는 내용은 결코 진의가 없거나 과장된 허구에 불과하지 않다. 내세우는 형식은 절대적이지만 실제 기대하는 내용은 상대적이다. 보통 사람보다 조금 더 나은 수준을 희망한다. 평균 수준이면 충분하다는 태도가 반영된 것이 배심제라면, 전문 법관제에서 기대하는 바는 보통 이상일 수밖에 없다.

자격은 최소한의 요건만 충족시키면 된다. 비현실적 요건은 그 자리에 적합한 인물을 고르기 위한 기준이 아니라 불만을 해소하기 위한 희생양을 앉히려는 장치에 불과하다. 최소한으로 요구하는 자격에 기대하는 것은 최대한의 효과다. 현실의 실망과 비애는 거기서 비롯되지만, 최대한의 기대를 위해 할 수 있는 일은 최소한의 검증이다. 우리가 전제한 덕목은 추상적이고, 개별 판사의 자질과 개성은 다양하다. 검증은 결국 특정 판사의 실체를 파헤치는 것이 아니라 재판 절차를 통해 추정하는 데 불과하다.

일반 국민이 판사나 법원에 기대하는 것은 실수 없는 공정한 재판이고, 구체적 당사자가 원하는 것은 자신에게 유리한 결론이다. 판사에게 요구하는 이상적 덕목과 훌륭한 재판의 인과관계가 어떤지도 확실하지 않다. 법정에서 재판 절차의 이행 과정을 관찰해 그 판사의 능력이나 실체를 판단하는 일이 가능한지도 의문이다. 그럼에도 어느 정도의 효과를 기대하는 최소의 검증은 불가피하다. 현실의 인간 법정에서는.

순진한 노력과 무심한 능력

'몇만 년 걸리는 계산을 단 며칠 만에 해낼 수 있다'며 현대 컴퓨터의 연산 능력을 표현하는 예를 본다. 엄청난 것 같지만, 컴퓨터의 능력을 나타내는 데는 한참 못 미친다. 1991년경 일본의 물리학자 요네자와 후미코는 다치바나 다카시와의 대담에서 '출장 판매원 문제travelling salesman's theory'를 끄집어냈다. 출장 판매원이 25가구를 방문하는데, 어떤 순서로 다니면 동선이 가장 짧은지 질문했다. 계산은 간단하다. 25가구를 차례로 방문하는 경우의 수에 따라 덧셈만 하면 된다. 집과 집 사이의 거리는 이미 측정되어 있다고 전제하고, 1초에 100만 회 연산이 가능한 컴퓨터를 사용했을 때 소요되는 시간은 얼마나 될까?

 경계에서 서는 법

요네자와가 알려준 정답은 약 98억 년이었다. 대담집을 읽다가 깜짝 놀라 인쇄가 잘못된 줄 알았다. 그러나 이어지는 최적화 이론 설명에서도 98억 년이란 수치는 반복됐다. 그날 밤 전자계산기로 확인해보았다. 25가구를 한 번 도는 경우 집 사이 거리를 24회 더해야 하니, 모두 필요한 덧셈의 횟수는 25!×24다. 그다음부터는 나누기만 하면 됐는데, 지운 동그라미 수를 정(正)자로 표시해가며 대략의 계산을 마치고 나서야 비로소 경악했다.

2016년 봄, 광화문 사무실 창 너머로 보이는 호텔에서는 세기의 대결이 펼쳐졌다. 프로 기사 이세돌의 상대는 알파고였다. 알파고의 승리 속에서 이세돌의 행운의 한 판이 인류의 유일한 승리로 역사에 기록된 5번기였다. 당시 알파고의 기능을 연산 능력으로 환산하면 대략 1초에 1,433조 회, 98억 년을 7년으로 단축할 수 있었다.

몇 년 전 보도에 따르면 일본의 후가쿠가 슈퍼컴퓨터 계에서 1위를 차지했는데, 초당 연산 능력은 무려 41경 5,530조 회였다. 계산이 끝날 때까지 출장 판매원은 8일하고 반나절만 기다리면 됐다. 슈퍼컴퓨터는 보통 1경 회 이상의 연산 능력을 자랑하는데, 최근 미국에서 개발한 프런티어는 110경 회를 넘어섰다. 현실적 시간이 아니었던 98억 년은 3일 남짓으로 줄어들었다. 이제는 연산 능력을 나타내는 숫자가 초현실적이다.

500대를 능력 순위별로 최고급 슈퍼컴퓨터로 친다면, 그중 중국이 3분의 1을 보유하고 나머지 대부분은 미국과 일본 것이다. 코로나19 이전만 해도 한국은 자체 개발한 슈퍼컴퓨터가 1대도 없었고, 사들여놓은 3대가 전부였다. 지금은 13대로 늘어 세계 7위다.

컴퓨터의 능력 신장은 여기서 그치지 않을 전망이다. 슈퍼컴퓨터는 그 자체가 작은 공장만 하다. 냉각에 엄청난 전기가 필요해 컴퓨터 1대에 웬만한 크기의 발전소 하나가 붙어야 할 정도다. 종전까지 500위 이내 슈퍼컴퓨터의 절반을 보유했던 중국의 딜레마도 전기 문제에서 시작됐다. 냉각이 필요 없는 양자 컴퓨터 개발 경쟁에서 일본과 미국이 일찌감치 앞서 있다. 성공하면 98억 년은 초를 나노 단위로 나눠 들어가야 할 지경이다.

우리 주변의 환경은 이렇다. 그것도 환경의 극히 일부에 불과하다. 여기서 '우리'를 법조 현실로 치환해보자. 시군법원까지 포함해 전국의 법원 수는 200개를 조금 웃돈다. 하급심을 기준으로 총망라한 한 해 사건은 수백만 건이다. 대법원에만 연간 4만 건 이상이 몰리고, 재판은 지연된다고 아우성이다. 뉴스에 보도되는 형사사건은 기록을 읽는 데만 며칠이 걸릴지 알 수 없다. 대부분의 결론은 판례를 좇는다. 변호사도, 검사도, 판사도 판례를 찾는다. 로스쿨 학생은 판례를 외우고, 강단의 교수는 혹시 최신 판례를 놓

 경계에 서는 법

치지 않았는지 불안해한다. 그마저도 판례 찾기는 컴퓨터 없이는 불가능하다

엄청난 양의 일에 시달리는 법률가들은 AI가 던진 한 수를 놓고 의미를 해석하느라 머리를 쥐어짜내는 검토실의 천재 기사들과 유사하다. 미래의 법학 교육과 수사, 재판이 어떻게 전개될지, 챗GPT의 소리가 귓전에 맴도는 가운데 SF 영화 스크린 속으로 빨려 들어가듯 생각에 잠긴다.

비유의 세계

아라비아의 한 노인이 세 아들에게 유언을 남겼다. 장남에게 재산의 2분의 1을, 차남에게 4분의 1을, 삼남에게 6분의 1을 나누어주겠다는 내용이었다. 노인이 죽고 나자 낙타 11마리가 남았다. 세 아들은 어떻게 나눌지를 두고 몇 날 며칠을 싸웠는데, 그 꼴을 보던 옆집 사람이 자기 낙타 한 마리를 빌려주었다. 첫째가 여섯 마리, 둘째가 세 마리, 셋째가 두 마리를 가지고 나니 한 마리가 남았다. 남은 한 마리를 옆집에 갚으니 모든 계산이 깔끔하게 끝났다.

어딘가에 이 이야기를 인용하며, 옆집 아저씨가 빌려준 지혜의 한 마리를 허수에 비유한 적이 있다. 풀리지 않던 문제를 해결하고 사라져버린다는 점에서, 빌린 낙타 한 마

 경계에 서는 법

리는 허수처럼 보였다. 물론 그것은 실제 허수가 아니다. 그 비유는 허용되는가?

자연과학 지식을 인문학에 마구잡이로 가져다 사용하는 행위를 '지적 사기'로 신랄하게 비판한 사례도 있다. 미국과 벨기에의 물리학자 앨런 소칼Alan Sokal과 장 브리크몽Jean Bricmont은 한때 큰 인기를 누리던 자크 라캉Jacques Lacan, 줄리아 크리스테바Julia Kristeva, 장 보드리야르Jean Baudrillard, 질 들뢰즈Gilles Deleuze, 펠릭스 가타리Félix Guattari 등을 납득할 만한 설명 없이 원래 맥락과는 완전히 동떨어진 과학적 개념을 써먹는 사기꾼이라 질타했다. 프랑스의 철학자들이 자연과학이라는 한 영역의 개념을 엄밀한 논증 없이 인문학이나 사회과학 영역으로 이식하면서, 마치 자기주장에 심오한 사상이 담긴 것처럼 허세를 부린다고 고발했다.

허수라는 존재하지 않는 수를 만들어낸 이유는 필요했기 때문이다. 지롤라모 카르다노Girolamo Cardano의 아이디어에 따르면, 더하면 10이 되고 곱하면 40이 되는 두 수는 무엇일까? 언뜻 보면 낙타 상속 문제처럼 난센스 퀴즈로 보인다. 그러나 제곱하면 음수가 되는 허수를 이용하면, 없던 정답 $5+\sqrt{(-15)}$와 $5-\sqrt{(-15)}$가 나타난다.

퀴즈 때문에 허수가 필요한 것은 아니다. 실수는 양쪽으로 뻗은 직선 위 어디든 표시할 수 있다. 반면 허수는 사방으로 펼쳐진 평면 위에서만 나타낼 수 있다. 직선을 벗어나는 파동이나 진동을 실수와 허수가 섞인 복소수로 나타내고, 그 계산 결과에서 실수 부분만 추출하는 방식은 현대물리학에 절대적으로 필요하다.

인간의 지식과 정보는 항상 불안정하다. 지식이나 정보는 대상 그 자체가 아니라 대상과 대상의 관계다. 언어나 이미지 역시 유추 작용을 통해 인식하고 익힌다. 이해한다는 것은 감각 경험 사이의 질서를 형성하는 것이다. 새로운 것을 수용해 기존의 아는 것 사이에 무리 없이 배치할 때 비로소 이해라는 작용이 이루어진다.

비유는 이해를 돕기 위한 수단이다. 표현 대상과 비유 대상을 적절한 관계에 놓음으로써 비유 대상이 지닌 익숙한 감각의 힘이 표현 대상으로 옮겨 가게 해 표현 주체의 의도를 완성하려는 노력은 인간 고유의 지적 활동 중 하나다.

비유의 한계는 동일성이다. 비유하려는 노력은 표현 대상을 비유 대상에 근접시키려는 행위지만, 결코 양자가 같을 수는 없다. 표현 대상이 비유 대상과 지나치게 동떨어져 있으면 실패한 비유이고, 동일시할 정도면 속임수라는 비난을 받는다.

정치적 인간이 만들어내는 사건을 이해하는 데도 비유가 등장한다. 사건을 보도하고, 보도된 내용을 비난하고, 비난에 대해 변명하는 언행 모두 비유를 구사한다. 저마다의 비유는 자기 정당화를 위한 최선의 수단으로 쓰인다. 그

 경계에 서는 법

런 상황 전체가 재판의 대상이 되기도 한다. 재판에서 사실을 인식하고 확정하는 데도 비유가 허용되는가? 법 해석 방법에 유추해석이 있듯, 금지되지 않는 범위 내에서 비유를 사용하는 것도 가능할 여지가 있다. 그러나 재판의 결과를 바라보는 시민들은 정작 이해하지 못하는 경우가 많다. 풀리지 않는 문제를 찾아 해결해주고 사라지는 허수와 같은 수단이 수사나 재판에도 필요하게 됐을까? 재판에 사용되는 비유와 재판을 이해하는 비유의 괴리를 해소할 방안을 탐구하는 일이 미래의 사법 과제가 될 수 있다.

낡은 논리를 깨는 독단적 판결

문신 시술을 의료 행위로 보는 헌법재판소와 대법원의 견고한 태도에도 2022년 10월 지방법원의 판사는 문신 시술을 한 타투이스트에게 의료법 위반이 아니라는 취지의 무죄 선고를 내렸다. 의심의 여지가 없는 듯 보이는 기존 해석을 뒤집는 사례는 생각보다 꽤 존재한다. 오래됐지만, 억대 판돈의 내기 골프가 도박이 아니라는 선고도 있었다. 우연성이 아닌 기량이 승부를 지배한다는 이유로 도박죄를 부인한 도발적 해석은 판에 박힌 관점에 대한 도전이었으나, 판사의 다른 기행 등으로 의미가 희석됐다.

2018년 초, 서울북부지법 판사는 군 복무 중 동성 간 성행위로 기소된 피고인에게 무죄를 선고했다. 합의된 동성

 경계에 서는 법

간 성행위까지 처벌하는 것으로 해석한다면 〈군형법〉 규정은 위헌이라는 이유에서였다. 결과만 놓고 보면 그럴 수도 있고, 어떤 면에서는 당연하게 여겨진다. 그러나 법률가의 시선으로 살펴보면 이상한 점이 드러난다. 위헌으로 의심될 때는 헌법재판소에 위헌법률심판 제청을 해야 한다. 그럼에도 하급심 판사의 독자적인 헌법 판단은 가능한가?

해석이 아니라 아예 법률 규정 자체를 무시하는 듯한 판결도 있다. 지난날 대표적 비전향 양심수 강용주에 대한 〈보안관찰법〉 위반 사건의 선고는 앞의 〈군형법〉 사건 선고 바로 전날 서울중앙지법 법정에서 이루어졌다. 무죄라는 선언은 〈국가보안법〉 체제를 거부하는 수많은 사람들의 환호 속에서 언론에도 크게 보도됐다. 강용주의 혐의는 〈보안관찰법〉이 규정한 신고 의무를 이행하지 않았다는 것이었다. 신고 의무는 2년마다 위원회가 결정하는 보안관찰처분 대상자에게 부과된다. 처분의 기준은 '재범의 위험성' 유무다. 재범의 위험성이 있다는 위원회의 판단에 불복할 수 있는 수단은 서울고등법원을 1심 전속 관할로 하는 취소소송뿐이다. 그런데 형사사건을 담당한 지방법원의 판사는 과감하게 재범의 위험성이 없다는 이유로 무죄를 선고했다.

예로 든 네 사건은 모두 1심 단독 관할이었는데, 상급심에서 단호히 파기된 경우도 있지만, 그대로 확정된 사건도 있다. 법적 안정성을 우려하는 보수적 시선을 지닌 법률가들은 결과에 놀라 단독판사가 아니라 '독단판사'라며 탄식했다. 몇 년 전 사법연수원과 사회법학회는 '튀는 판결'을 주제로 심포지엄을 열어 걱정의 학술화를 시도하기도 했다. 이목을 끄는 판결은 실제로 법의 해석과 적용에서 논증주의를 애써 피하며 결단주의를 선택한 듯 보인다. 그러나 달리 보면 전적으로 터무니없는 것도 아니다. 기본권 보장을 위해 굳이 헌법재판소를 거치지 않고 대법원이 앞장서 헌법합치적 해석을 권장한 것도 사실이다. 그 이면에는 헌법재판소와 대법원의 최고 권한을 둘러싼 갈등이 깔려 있다. 강용주 사건에서는 재범 위험성 판단이 당해 사건의 구성요건 해석 범위에 포함된다는, 판사가 고심 끝에 구성한 논리가 제시되어 있다.

논증이라는 과정이 의심의 대상이 되는 경우는 드물지 않다. 과학의 세계에서도 귀납주의나 반증주의자가 제시한 설명에 부합하지 않는 역사적 사실이 존재한다. 완전히 새로운 개념으로 탄생한 이론이 명백한 반증에도 폐기되지 않은 채 유지되며 발전한 사례도 있다. 엄정한 비판만이 과학의 길인 양 주장했던 칼 포퍼조차 독단주의적 태도 역시 수행해야 할 긍정적 역할이 있다고 시인했다.

고전적 논리학이 모든 논리를 포괄하거나 대표할 수 있는 것은 아니다. 기초적 논리의 관철이 현실의 직관적 논리

     경계에 서는 법

에 반하는 결과를 초래하면 선뜻 받아들이기 어렵다. 이럴 때는 형식적 논리를 포기하고 직관을 받아들이는 것이 옳다고 주장하는 법철학 이론도 있다. 아무리 재판이 논증주의 과정을 거쳐야 한다고 외친들, 법적 논증이란 결국 체계화를 위한 것일 뿐이다.

사법 체계에도 우리가 예상하지 못하는 새 질서가 진입하고 있다. 독단처럼 보이는 단독행위가 낡은 논리와 탄식을 서서히 제거해나가고 있는 중인지 모른다.

법철학의 철학적 상황

2005년 쇼팽 콩쿠르의 결승에 오른 12명의 피아니스트 중 한국인은 3명이나 됐다. 손열음은 최상위권에 들지 못했지만 임동민과 임동혁 형제가 2위 없는 공동 3위에 올랐고, 주최국 폴란드의 라파우 블레하츠Rafal Blechacz가 우승을 차지했다. 임동혁의 불만에 찬 표정을 본 팬들은 심사의 공정성에 고개를 갸웃했다. 심사위원으로 참여했던 당시 한국예술종합학교 강충모 교수의 인터뷰 내용이 인상적이었다.

"점수를 많이 줄 수밖에 없었다. 월등하다고 할 수 있었다. 다른 11명은 콩쿠르에 나와 승부를 가리는 듯했으나, 라파우는 조용히 와서 연주를 들려주고 간 느낌이었다. 젊은 나이에는 감정에 치우칠 수 있는데, 그는 품위와 소양을 갖춘 사람으로 보였다. 심사위원 중 한 사람은 이렇게 말했다. '11명의 피아니스트와 1명의 아티스트가 모였다.' 입상자는 심사위원에게 찾아와 인사하는 게 콩쿠르의 관례인데, 라파우에게는 심사위원 전원이 먼저 다가가 축하 인사를 건넸다. 그의 연주를 듣고 난 심사위원들은 미소 띤 얼굴로 고개를 끄덕였고, 경연장이라는 긴장감은 느껴지지 않았다. 피아노 연주에만 치우치지 말고, 전반적으로 공부하며 인격을 형성하는 일이 중요하다는 사실을 문득 깨달았다."

좋은 연주자가 되려면 다른 일을 할 시간에 조금이라도 더 연습하는 편이 낫다고 보통 생각한다. 피아니스트들은 "하루를 연습하지 않으면 내가 알고, 이틀을 안 하면 오케스트라가 알고, 사흘을 안 하면 관객이 안다"는 말을 흔히 한다.

몇 년 전 블레하츠는 피아노 뚜껑을 잠시 닫았다. 2016년 한 해 동안 예정된 연주 일정을 모두 취소했다. 은퇴를 결심한 것은 아니었고, 다른 일을 하기 위해서였다. 팬들에게는 다른 일이 아니라 딴짓처럼 보였다. 철학 논문 작성에 심혈을 기울였고, 코페르니쿠스대학에서 박사 학위를 받았다. 그는 이에 대해 "철학 공부가 연주에 도움이 된다고 생각했기 때문"이라고 말했다.

법률가들은 블레하츠처럼 굳이 안식년을 내서 따로 공

부하지 않더라도 철학과 가까워질 기회가 있다. 로스쿨이나 법과대학에 개설된 법철학 수업은 법학의 일부라기보다 철학의 한 부분이다. 누구나 원하면 법철학을 통해 철학을 배울 수 있고, 학위가 없어도 철학자가 될 수 있다.

현실에서 철학이나 철학자는 인기가 별로 없다. 법철학 수업을 제대로 진행하는 학교도 그리 많지 않다. 법학 교육제도나 한국 법조계의 미래 위기를 드러내는 조짐으로 해석하는 견해도 있다. 도대체 법률가에게 법철학은 왜 필요한가? 철학적 바탕과 깊이를 갖추었다 해서 훌륭한 법률가가 된다는 보장은 없지 않은가.

추억의 법철학자 아르투어 카우프만Arthur Kaufmann의 한마디가 떠오른다. "합리주의와 이성으로 이 세상 구석구석을 밝힌다 해도, 마지막에는 결국 무언가는 남는다." 본질을 다루는 철학은 마지막까지 남는 어둠을 밝히는 만능의 등불이 아니라, 마지막까지 남는 어둠이 있을 수밖에 없다는 사실을 알려주는 역할을 한다.

미래의 법률가들이 법철학을 외면한다고 통탄할 이유는 없다. 법철학이 필요하다면 현실이 요구할 때까지 기다리면 되고, 철학적 사명의 채찍질을 동원할 필요는 없다. 법철학이 흔들리는 근본적 상황이 심화되면, 그것은 저절로 소멸하거나 전면에 부상하게 될 것이다. 법철학이 왜 필요한지는, 법철학을 아예 외면하거나 그 속으로 들어가보면

 경계에 서는 법

알게 된다.

블레하츠는 그 후 내한해 바이올리니스트 김봄소리와 협연했다. 철학 박사가 되어 나타난 인문학적 피아니스트가 전보다 특별히 다른 무엇을 보여주었다는 평은 없었다. 그냥 또 하나의 연주를 들려주고 돌아갔을 뿐이다. 철학자가 아닌 피아니스트로서.

법과 문학 사이에서

《파이 이야기》를 쓴 캐나다 작가 얀 마텔Yann Martel이 서울을 다녀간 적이 있다. 21년 전 부커상 수상자는 이렇게 말했다. "국가 지도자가 문학을 읽지 않으면, 그들이 주장하는 꿈은 최악의 악몽이 될 수 있다." 특정 정치인을 지칭하는 것은 아니었겠지만, 민주주의 사회에서 비전이 어디에서 나오는지 물어야 한다는 의미를 강조한 문학적 호소였다. 그는 2007년부터 4년 동안 당시 캐나다 총리 스티븐 하퍼Stephen Harper에게 문학작품을 추천하는 편지를 지속적으로 보내기도 했다.

마텔의 주장이 진실이라면 '정치와 문학'이라는 분야도 등장할 만하나, 조짐은 없다. 현실의 정치인들은 정적을 향해 비아냥거릴 때 '소설'이라는 용어를 빌릴 뿐이다. 이전부터 교육과정으로 마련된 것으로는 '법과 문학'이 있다. 독일과 미국에서는 꽤 오래전부터 다양한 형태로 논의해왔다. 국내에 한정해보면, 동국대의 장경학이 1970년 초반에 《법률 춘향전》을 출간했고, 미국에서 귀국한 안경환이 1989년 서울대 법과대학에 '법과 문학'을 개설했다. 그의 저서 《법과 문학 사이》 이후 법과 문학은 부분적으로 바람을 일으키는 듯했다. 고려대에서 '문학 속의 법'이라는 교양 필수과목을 채택했고, 제주대에서 이소영이 '법과 사회' 시간에 법과 문학에 대해 다루었다. 그러나 NGO학이 그랬듯, 한때의 유행처럼 법과 문학의 열기는 잦아들었다. 로스쿨 출신 법률가들이 배출된 이후 대학의 '법과 문학' 강의는 문 닫을 준비를 하고 있었다.

그런 면에서 보면 1995년에 출간된 마사 누스바움Martha Nussbaum의 《시적 정의》가 2013년에 이르러서야 국내에 번역된 일은 뒤늦은 감이 있었다. 제목부터 문학이 법학이나 법률가에게 끼칠 영향력의 핵심을 담은 듯 보였다. 법률가는 문학을 통해 공적 상상력을 갖추어야 한다. 그것은 정의로운 행동에 대한 강력한 동기를 부여하므로, 입법과 정책 수립, 재판 과정의 길잡이가 된다. 세상을 상상하는 데는 소설 읽기가 다른 방식보다 우월하다. 다만 상상력은 엄격한 헌법적 범위 내로 제한된다. 요약하면, 구체적 사실을 소설적 상상력으로 이해하고 시적 정의로 귀결시킨다는 취지였다.

법과 문학의 총론적 가치는 그런대로 짐작할 수 있지만, 각론에서 어떻게 구체적으로 기능하는지는 석연치 않았다. '법과 문학 사이'에서 '과' 외에 구체적인 것은 아무것도 발견할 수 없었다. 학문적 분과성과 독자성을 확보하고자 고려대의 형사법학자 이상돈은 '법문학', 서강대의 문학평론가 김경수는 '문학법리학'이란 용어 사용을 시도했다. 그에 비해 누스바움은 과감하게 단정에 가까운 결론을 제시했다. "문학적 재판관은 비문학적 재판관보다 총체적 사실을 파악하는 능력이 뛰어나다고 할 수 있다."

정말 그런가? 일반인이라면 몰라도, 법률가 중 금방 수긍할 사람은 별로 없을 것이다. 문학의 일반적 기능이야 원래대로 늘 유지되지만, 문학이 법률가의 자질을 향상시키고 소설만이 최고의 역할을 담당한다는 주장은 설득력이 다소 떨어진다. 누스바움을 비롯한 법과 문학 지지자들이 신뢰하는 '감정이입을 통한 다양한 입장의 대체효과'는 밀란 쿤데라Milan Kundera 역시 멋지게 지적한 바 있다. "소설은 자기 것과는 다른 진실을 이해하도록 노력하는 법을 가르쳐준다." 하지만 과학기술과 디자인의 결합처럼 구체적 효과를 극적으로 보여줄 가능성은 아직 희미하다.

법과 문학은 법철학과 비슷한 운명에 처한 듯하다. 문제를 바라보는 관점은 자본주의의 약점을 꿰뚫는 마르크스주의처럼 탁월하나, 구체적 대안을 제시하지 못한다는 점에서 모두 마찬가지다. 단테를 읽고 철학을 공부한 피아니스트에게 박수를 보내듯, 법률가도 가끔 소설을 펼친다. 능력 향상을 기대하지는 않으며.

권위에 대한 향수

잃어버린 권위를 회복하겠다는 말은 의지의 표현으로 받아들여질 수 있지만, 허망한 향수처럼 보일 때가 많다. 회복하겠다는 말은 과거에 누렸던 권위를 되찾겠다는 의미이며, 반대로 권위를 상당 부분 잃어버렸다는 현재의 상황을 드러낸다.

2022년, 어느 단체에서 진행한 국가기관에 대한 신뢰도 조사에서 법원은 6개 대상 중 3위였다. 12개 국가 사회 기관에 대한 2019년 조사에서는 6위를 기록했다. 설문 조사의 신빙성에 의문이 들지만, 그 전에도 중위권을 벗어난 적이 없었던 점을 고려하면 사법부의 새로운 수장 후보자가 '재판의 권위 회복'을 가장 먼저 내세운 태도의 배경이 이해된다.

지금이 권위가 상실된 상황이라면, 존재한 때는 언제였을까? 그에 대한 명확한 기억이나 객관적 자료는 없다. 권위 부재라는 현재 상황의 심각성을 강조하기 위해 설정된 의제적 과거일 가능성이 크다. 애초에 판관에게는 당연히 권위가 부여됐을 것이라는 상정 자체에 특별히 의심을 갖는 사람은 없을 것이다. 설령 그렇지 않더라도 실제로 존재한 적 없는 과거로 돌아가겠다는 주장은 미래에 속한 희망의 역설적 표현으로 허용된다.

법원의 권위라고 표현했다면 반감은 더 컸을 것이다. 이때 풍기는 권위의 뉘앙스는 무조건 믿도록 강제하는 힘이다. 이는 비민주적이거나 반민주적으로 들린다. 권위를 고집한다면, 사실상 복종을 요구하는 셈이다. 법원의 결정에 승복하는 관행이 이어지기를 바란다면 시대착오적이다. 재판은 결단주의가 아니라 논증주의의 결과여야 바람직하기 때문이다. 따라서 '재판의 권위'라는 표현은 현명한 어휘 선택이다. 판사가 아니라 재판 그 자체를 믿게 만들겠다는 의지의 표현이다. '권위'보다 '신뢰'라는 단어가 더 적절했겠지만, 신뢰를 얻으면 권위도 생길 테니 결국 마찬가지다. '권위 회복'이 곧 '신뢰 회복'이라고 선의의 해석을 한다.

재판의 권위는 재판의 신뢰를 통해 확보할 수 있고, 신뢰도는 재판 승복률로 가늠할 수 있다. 승복률 높은 재판이 현실적으로 긍정적 의미를 지닌다는 점은 부인할 수 없는데, 첫 번째 문제는 역시 그런 재판을 수행하는 사람이 어떤 자격이나 자질을 갖춘 전문인이어야 하는가에 있다.

바람직한 법관상은 무엇인가? 두 가지 관점으로 바라볼 수 있다. 하나는 국민의 시선, 그리고 다른 하나는 사법부 자체의 시선이다. 그 두 가지는 다시 나뉜다. 국민의 시선은 사건 당사자가 된 구체적 개인의 시선과 일반 국민의 추상적 시선으로 나뉜다. 사법부 자체의 시선 역시 개별 사건을 눈앞에 둔 판사 개인의 구체적 관점에서 볼 때 바람직한 법관상과 사법부라는 국가기관이 갖는 일반적 관점에서 바람직한 법관상으로 구분되며, 이 둘이 반드시 일치하는 것은 아니다.

이렇게 여러 관점에서 제시되는 법관상을 하나로 통합할 수 있는가? 쉽지 않다. 정확한 판단을 내리는 법관이라는 모델은 누구나 인정하는 공통의 법관상일지 모르나, 긴박한 순간을 맞닥뜨린 사건 당사자는 오직 자신에게 유리한 결정을 내려주는 법관만 바란다.

"법관직에 있는 사람은 우리 사회에서 가장 고결한 인격과 높은 경륜을 갖춘 지혜로운 사람이라는 인식이 국민의 뇌리에 깊이 자리 잡게 만드는 것을 최대의 목표로 삼겠다." 10여 년 전 대법원장 취임사의 한 구절이다. 얼마 뒤 그 대법원장 재직 기간 중에 어느 판사는 "어쩌면 이제는 남들과는 다른 탁월한 도덕성을 갖춘 '고결한 법관'을 찾아 내는 전통적 작업은 거의 불가능할 뿐만 아니라 바람직하 지 않을지 모른다"고 말했다.

대법원장의 지나치게 이상적인 법관상이 스스로를 웃음 거리로 만들 우려가 크다는 사실을 간파한 하급심 판사의 한마디가 사법부를 구제하는 형국이다. 현재와 미래의 법 관상은 권위를 그리워하지 않는 지점의 언저리에서 발견 할 수밖에 없다.

새로운 질서

재판이 권위를 지녀야 한다는 고전적 관념에는 전제되는 사실이 깔려 있다. 분쟁에서 대립 요소 사이의 잘잘못이나 경중을 가리는 것을 재판의 본질로 받아들여야 한다는 점이다. 재판의 근본적 성격이 모종의 정의를 밝혀내는 특별한 작업이라는 사실이 전제돼야 권위가 부여된다. 모든 분쟁의 이면에는 어떤 원리가 존재하기 마련이며, 그것을 실수 없이 정확히 찾아내는 과정과 그 결과가 재판이라는 인식 체계에서 권위가 움튼다.

그렇다면 재판은 아무나 할 수 없다. 비범한 능력을 갖춘 전문가만 할 수 있다. 선남선녀 장삼이사가 출근하는 발걸음을 돌리고 배심원실에 모여 아무리 머리를 맞댄다 해도,

거기서 정의에 부합하는 결론이 나오기를 기대하는 일은 요행에 불과하다. 고등고시나 사법시험 같은 제도가 탄생한 배경이다. '고매한 품성' '고결한 인격'을 법관이 갖추어야 할 기본 요건으로 덧붙이면서, 반증이 없는 한 모든 법관이 그런 자질을 보유한 사람인 것처럼 만들고자 했다. 고도의 전문성에 특출한 덕성을 겸비한 인물의 결정은 권위를 쉽게 획득한다. 지난날에는 법관의 실수를 덮고 비행을 가능한 한 감추어 추상화된 전통적 법관상으로 권위를 유지해왔다.

선별된 엘리트만 할 수 있는 일이 재판이라고 한다면, 일순 권위가 부여될 수밖에 없다. 권위의 근거는 무엇인가? 고매한 인격은 부가적으로 의제된 허상에 불과하고, 실제하는 근거는 시험 점수가 거의 유일하다. 시험제도에서 얻은 점수의 토대 위에 쌓은 권위는 오래 유지되기 힘들다. 점수가 인간사에 필요한 여러 덕목을 담보하기 어렵기 때문이다.

권위에 의존하지 않고 신뢰를 얻는 다른 방법을 찾아본다. 재판 승복률을 높이는 것이 한 가지 방법이 될 수 있다. 법원에 대한 신뢰도가 높지 않은 것은 권위의 부재 때문이 아니라 승복률이 낮기 때문이라고 생각을 바꿔볼 수 있다. 승복률이 낮다는 증거는 높은 상소율에서 확인된다. 재판에서 패하는 쪽은 대부분 불복한다. 다음 심급에서 역전이

가능하다는 기대 때문이다. 상고심에서도 뜻을 이루지 못하면 헌법재판소를 바라보거나 재심도 알아본다.

승자는 결과를 당연한 것으로, 패자는 운이 따르지 않은 탓으로 여긴다. 대립하는 양쪽 당사자가 모두 이길 수 있다고 믿는다면, 재판은 실체적 진실 같은 유의 정답을 찾는 과정이 아니라는 것을 스스로 아는 셈이다. $x^2=1$에서 미지수를 만족시키는 해가 하나가 아니듯, 재판에도 단일값의 원리가 적용되지 않는다는 놀라운 사실을 직간접으로 경험한 결과다.

그것은 정의의 심판이 아니라 게임이다. 누구나 이길 수 있는 운동경기와 유사한 속성을 드러낸다. 승패를 가르는 기준이 실체적 진실이나 정의라면, 승패는 싸움을 시작하기 전부터 이미 결정돼 있는 상태여야 한다. 재판은 그 상태를 발견하는 제도적 절차가 된다. 그러나 게임에 가깝다면, 재판은 정해진 규칙에 따라 승패를 가리는 경기와 같다. 법관은 규칙을 준수했는지 여부를 확인하고 벌칙을 부여할 권한을 갖는 심판 역할을 담당하기만 하면 된다. 심판 판정에 오심이 뒤따르듯 재판도 마찬가지다. 판사의 결론은 언제나 옳다기보다 받아들여야 하는 결과다.

판사가 정의를 발견하기 위해 권위의 눈을 부릅뜨기보다 분쟁을 원만하게 해결하기 위해 노력을 기울인다면 승복률이 더 높아질 가능성은 보인다. 그럼에도 여전히 옳고 그름에 대한 가치판단을 포기할 수 없다. 그것은 운동경기에서도 마찬가지다. 맞붙은 양쪽 선수의 기량이 사전에 결정돼 있다면, 우수한 사람이 이기는 것이 옳다. 그러나 경기 결과는 예측을 불허한다.

이런 복잡한 사정을 고려할 때, 미래의 재판은 달라져야 할 수밖에 없다. 권위가 사라지는 현상을 아쉬워할 것이 아니라, 새로운 질서가 들어서면서 밀려나는 것으로 이해해야 한다.

헌법의 역설

우주에 그렇게도 많은 별이 반짝이는데 밤하늘은 왜 캄캄할까? 문제를 제기한 독일의 천문학자 하인리히 올베르스Heinrich Olbers의 이름을 따서 '올베르스의 역설'이라 부른다. 올베르스가 처음 의문을 제기했을 당시에는 그 누구도 제대로 설명하지 못했다. 훗날 우주팽창설이 나오자 비로소 해명이 가능해졌다. 우주가 팽창하면서 빛이 우리에게 도달할 수 있는 범위가 제한되고, 거리가 아주 먼 곳의 별빛은 파장이 길어져 적외선 영역으로 들어가는 적색편이 현상으로 우리 눈에 보이지 않게 된다. 그뿐 아니라 우주가 팽창하는 속도가 빛의 속도보다 빠른 구간에서는 천체가 발산하는 빛이 지구에 도착할 수조차 없다.

국가마다 헌법이 있는데, 왜 사람들은 행복하지 않을까? 모든 국민을 인간답게 잘 살 수 있도록 국가권력을 통제하는 규범이 헌법이라면, 헌법이 있는 국가의 국민은 모두 잘 살아야 마땅하다. 어떤 성직자가 우리 헌법의 기본권 편을 읽고 했다는 말이 떠오른다. "이보다 더 훌륭한 복음서를 본 적이 없다."

누구나 인간으로서 존엄과 가치를 가지며, 행복을 추구할 권리를 보장받는다. 모두가 법 앞에 평등하기 때문에 생활의 모든 영역에서 차별받지 않으며, 위험으로부터 보호받고, 쾌적한 환경에서 건강하게 살아가는, 한마디로 인간다운 생활을 할 수 있다. 여기서 중요한 건 '할 수 있다'가 아니라, '해야 한다'는 점이다. 헌법이 이 모든 것을 권리로 보장하고 있으므로, 만약 자신이 존엄한 존재로서 인간다운 생활을 하지 못한다면, 그런 자기 자신이 헌법을 위반하는 게 아닌가 하는 의심까지 들 정도다. 헌법의 역설이다.

헌법대로만 하면 만사가 해결될 것 같다. 헌법이 현실에서 제대로 실현되지 않는 이유는 다양하겠지만, 헌법을 이해하는 방식이 저마다 달라서일 가능성도 꽤 크다.

개개인을 인간답게 만들어준다는 약속의 묶음이 기본권이다. 이를 실현하는 시스템의 설계와 작동 매뉴얼이 통치구조다. 헌법을 지키고 실현하겠다는 정치인은 누구나 자기만의 방에 갇힌 헌법 해석의 달인이다. 정당이라는 견고한 벽은 개별 정치인을 보호해주는 우물이다.

기본권 묶음과 통치 매뉴얼을 합치면 헌법이 된다. 함축적이고 기능적인 어휘로 구성된 헌법은 하나의 개념이다. 그에 비하면 현실은 은유다. 헤아릴 수 없는 복잡계의 현실은 사람마다 겪고 느끼는 양상이 달라, 실재라고 보기 힘들 정도다. 현실의 미립자 같은 은유의 세계를 몇 개의 문장으로 표현해냈으니, 헌법은 가히 훌륭한 개념이다.

우리는 각자 개별 현상의 유추를 통해 개념을 이해하고, 개념을 수단으로 희로애락에 빠진다. 이때의 개념이나 헌법은 오직 하나다. 하나의 조문을 두고 저마다 다르게 해석한다. 해석의 목적은 정치적 이익의 확보다. 해석이라는 과정을 통해 헌법을 이해하고 실현하는 것이 아니라, 소유하려 든다. 각자가 주권자이므로, 누구나 헌법이 자기 것이라 착각한다.

안타깝게도 헌법은 하나뿐이다. 헌법은 나만의 것이 아니라, 너와 나의 것이다. 헌법은 나의 것인 동시에 내가 가장 싫어하는 적의 것이기도 하다. 이것은 불행도 비극도 아닌, 그저 주어진 현실일 뿐이다. 불구대천의 적으로 여기는 사람과도 하나의 헌법 울타리 안에서 함께 살아야 한다면, 이것 역시 헌법의 역설일까?

타협할 줄 모르고 자기주장만 내세우는 식의 헌법 해석이 늘어날수록 헌법의 의미는 팽창해서 그 진정한 의미를

 경계에 서는 법

알 수 없게 된다. 우주의 팽창으로 별빛이 전기를 대신할 수 없을 때는 태양이 뜨기를 기다리면 되지만, 헌법의 역설로 벌어지는 정치적 어둠을 제거해줄 빛은 무엇일까? 태양을 향하는 지구의 자전처럼 헌법의 자전을 가능하게 하는 것은 정치적 협상이자 협력일 것이다.

헌법과 마음

7월은 헌법의 달처럼 느껴진다. 제헌절을 앞두고 한 번쯤 헌법을 떠올리는 일은 자연스럽다. 정치에 관심이 많지 않은 사람이라 해도 그렇다.

행복이 헌법의 행복추구권 덕분이라고 여기는 사람은 없지만, 일상의 갈등이나 고통이 혹시 헌법 탓은 아닌지 생각하는 경우는 더러 있다. 헌법을 정치 작용의 근거로 인식하는 데서 비롯된 현상이다. 정치에 대한 불만을 헌법 탓으로 돌리는 사례도 당연해 보일 정도로 흔하다. 민주공화국 시민이 울분을 표출하는 방식이다.

헌법에 문제가 있다면, 고쳐야 한다. 일상의 불평이나 정치적 불만은 간명한 논리로 간헐적 개헌 논의의 물결에 자연스럽게 스미듯 가세한다. 어느 쪽 물결을 선택할지만 결정하면 된다.

지금의 헌법은 단순히 절차에 따라 만든 것이 아니라 민주주의의 열정으로 쟁취한 자랑스러운 열매다. 군부독재를 종식시키고 실질적 민주 정부를 구성하기 위한 첫 단계로 대통령 직선제를 중심에 둔, 제정이나 다름없는 전면 개정판 헌법이었다. 역사상 마지막 참주이기를 바라는 자에게서 받아낸 항복문서 위에 새긴 선언문이었다.

당시에는 국민의 요구대로 실험실에서 정제해낸 민주주의의 상징 같은 작품이었으므로 흠잡을 데가 없었다. 37년이 지난 지금까지도 그대로 사용하고 있으니 겉으로 보기에는 만족스럽다. 그 전 헌법의 평균수명이 불과 4년 남짓에 불과했던 사실에 비추어 보면 더욱 그렇다.

그러나 실제로는 그동안 여러 차례 개정을 논의했다. 대통령 선거 공약으로도 나왔고, 당선된 대통령이 개정 헌법안을 완성해 제시하기도 했다. 정치권의 주된 관심사는 줄곧 정부 형태였다. 정권을 잡은 쪽은 단임제가 마음에 들지 않았고, 놓친 쪽은 내각제를 대선 패배에 대한 복수의 무기로 들이댔다.

그때그때 상황에 따라 정당들의 태도가 바뀌기도 했지만, 개헌을 입에 올리면서도 수십 년째 성공하지 못하는 건 의결정족수 때문이다. 전체 국회의원 3분의 2 이상이 찬성해야 1차 관문을 통과할 수 있으니, 여야 합의 없이는 어느 정부에서건 불가능하다.

문제는 그게 전부가 아니다. 국회를 통과한 개정안은 다시 국민투표에 부쳐야 한다. 그런데 헌법 제130조 제2항은 "국민투표에 '붙여'"야 한다고 규정한다. 헌법을 개정하는 것보다 국립국어원에 하소연해 맞춤법을 개정하는 편이 더 빠를 게 분명하다. 표기법만 따져보면 더 있다. 제119조와 제120조에서 반복해 '균형있는' 경제성장과 개발을 강조하는데, '균형있다'라는 형용사는 사전에 없다. 그나마 띄어쓰기라도 잘했다면 중간에 '잡혀'를 생략했다고 주장할 수 있으련만.

세밀하게 검토하면 끝도 없다. 취지가 모호하거나 문장이 어색한 경우, 현실에 부합하지 않는 내용까지 골라내면 전문부터 부칙까지 전부 개정 대상이 될 판이다. 이런 결함은 형식적인 부분에 불과하므로, 개정의 본론에 들어서기도 전에 온갖 주장과 논쟁으로 극심한 소모전이 될까 두렵다.

모국어조차 서툰 헌법은 그 자체로 체면이 서질 않는다. 하지만 지난 40년 가까운 세월 동안 그로 인해 국정 운영에 차질이 생기거나 개인이 고통을 겪은 사례는 없었다. 이념이나 명분은 헌법의 정신에 서리는 것이지 어휘나 문장으로 새기는 것이 아니기 때문이다.

헌법 때문에 생기는 문제는 헌법의 형식이나 내용보다 제대로 운용하지 못하기 때문이다. 고쳐야 할 것은 헌법보다 우리의 마음이다. 헌법의 독일어 'die Verfassung'의 어원에는 마음의 상태, 국가의 상태라는 의미가 내포되어 있다는 사실도 흥미롭다.

소설적 진실과 법률적 허구

법과 문학이 유행처럼 관심을 끌던 시절이 있었다. 국내에서는 문학과 법의 관계를 여러 관점에서 연결하는 과정에서 법문학, 또는 문학법리학이라는 새 용어까지 등장했다.

언어를 통해 현실을 구조화한다는 데서 법과 문학은 출발점이 유사하다. 그런데《픽션과 법》의 저자 웨스턴오스트레일리아대학의 키에란 돌린 Kieran Dolin은 법과 문학의 공통적 특성 중 하나로 허구성을 들었다. 문학평론가인 서강대 김경수 교수 역시 같은 논지를 펼쳤다.

문학이 허구성을 지니는 건 당연하지만, 법은 왜 그런가? 애당초 모두가 규범을 준수할 것을 전제로 한다면, 그 자체로 비현실적이긴 하다. 대체로 지키는 듯 보이나, 언제나 위반자는 존재한다. 기회만 생기면 위반할 조짐으로 가득 찬 공간이 인간 사회다.

금지 규범의 대표격인 〈형법〉은 범죄자라는 낙인을 무기로 삼아 위협하지만, 범죄는 끊이지 않는다. 형벌을 강화해 범죄 발생률을 감소시킨 사례는 극히 드물다. 단순히 질서를 유지하는 것만 해도 그렇다. 우리나라는 터널 안에서의 차선 변경과 추월을 금지하지만, 일본은 허용한다. 두 제도의 목적은 사고 예방으로 동일하다. 두 규칙 중 하나가 허구이거나, 아니면 둘 모두 임의적이라는 점에서 허구성이 짙다. 아예 현실과 동떨어진 선언도 있다. 우리 헌법은 북한까지 포함해 영토로 규정한다. 북한 헌법은 1972년 개정되기 전까지 조선민주주의공화국의 수부(수도)는 서울이라고 못 박았다.

법도 꿈꾸고 희망을 품는다는 의미에서는 고무적이다. 그러나 인간의 욕망을 정치적 목적하에 평균화해 끌어모은 다음 국민이라는 이름으로 순치시키려는 의도가 엿보인다면, 그것이 허구가 아니고 무엇이겠는가.

이데아라는 본질을 움켜쥔 플라톤은 모방의 모방에 불과한 허구는 과도한 감정을 부추겨 시민들의 도덕성 단련에 방해가 된다고 믿었다. 아리스토텔레스는 개연성과 필연성에 근거하는 문학이 현실보다 오히려 더 일반적이라고 주장하며 이 견해를 뒤집었다.

허구는 실제로 일어난 사실이 아닌 꾸며낸 이야기를 의미하지만, 거짓과는 다르다. 허구성의 가치를 일어날 가능성의 확률로 따질 일은 아니다. 직접 경험하지 못한 것을 미리, 혹은 다른 가상의 공간에서 간접적으로 겪어볼 수 있게 해주는 다양성의 세계가 바로 허구다. 허구의 양식이 되는 소설은 원론적으로 개연성과 필연성을 요구하기에, 오히려 법의 세계에서보다 더 일어날 법한 사건을 다룬다는 주장도 가능하다. 그렇기에 허구는 진실과 상반된 면에 집착하는 허황한 것이 아니라 그 자체로 독립적인 문화적 장르를 형성하며 인간 사회에 자리 잡았다. 현실의 질서를 방해하는 것이 아니라 오히려 이해하는 데 도움을 준다.

현실에 바탕을 두지만 상상에 속하는 추상적 질서를 확립하는 것을 목표로 시작된 입법 작업은 몇 개의 문장으로 귀결된다. 완성된 개별법이 담고 있는 내용은 현실이 될 듯하면서도, 가끔 실제로 그렇게 되기도 한다. 이러한 법의 허구적 특성이 수범자인 시민들의 도덕성 함양에 긍정적으로 작용하면 좋겠지만, 대체로 실패한다. 오히려 사람들로 하여금 법망에서 빠져나가기 위한 거짓말을 만들어내게 하는 역설의 환경이 될 뿐이다.

입법자나 집행자는 현실에서 일어나는 그때그때의 장면에 대응할 때마다 자신과 당파의 정치적 이해관계를 거의 유일한 가치와 척도로 삼는다. 자기들만을 위한 법도 서슴

 경계에 서는 법

지 않고 만든다. 이런 현상은 정치가에게서 법률가에게로 감염되어 고질적 직업병의 세계에서 벗어나지 못하게 하는 허구의 울타리를 쳐준다.

인권의 렌즈

신이 인간을 만들었는지 인간이 신을 만들었는지 모르지만, 인간이 신을 필요로 하는 것은 분명하다. 인권이 태어나면서 가지는 자연계에 새겨진 권리인지 사회적 구성물인지 모호하지만, 인간 사회에서 인권이 필요한 것은 분명하다. 핸드폰은 인간의 필요 때문에 생겨났지만, 그렇다면 학생이 학교에서 핸드폰을 사용할 권리는 어떻게 정의할 수 있는가?

국가인권위원회는 2001년에 출범했다. 자연권이든 실정권이든, 인권의 진보적 실현을 목적으로 문을 열었다. 누구나 원했기 때문에 만든 것은 아니다. 인권 단체들의 끈질긴 투쟁의 결과였다. 인권에 대해서는 정부보다 민간단체가 나설 수밖에 없다. 정부는 인권 보호를 명분으로 내세우지만, 정작 인권 침해의 주체가 되기 쉽기 때문이다. 1945년 유엔헌장에 NGO를 협력 상대로 명문화하고, 그 이전 국제연맹 시절에도 NGO를 회의에 초대한 이유도 이 같은 맥락에서다.

1993년 빈에서 열린 세계인권대회에 참석하고 돌아온 한국 민간단체 공동대책위원회는 본격적으로 정부에 인권위원회 설치를 요구했다. 1997년 대통령 후보 김대중은 인권위원회 설치를 대선 공약으로 발표했고, 당선된 이듬해 100대 국정 과제에 포함시켰다. 민간단체는 공동위원회를 결성하며 실행을 촉구했다. 그럼에도 진척이 더뎠던 까닭은, 인권 기구를 설치하되 법무부 산하기관으로 관리하겠다는 정부의 태도 때문이었다. 민변과 참여연대 등 71개 단체가 정부와 3년에 걸친 싸움을 계속했다. 법무부는 특수법인 형태의 인권위원회 법안을 상정했으나 폐기됐다. 공동대책위원회는 헌법기관에 준하는 독립성과 자율성을 보장받는 기구를 강력히 요구했다. 유엔총회가 채택한 파리 원칙에 근거한 주장이었다. 우여곡절 끝에 법률이 제정되고, 국가인권위원회가 탄생했다.

어느덧 20년이 넘은 국가인권위원회는 보수 정권이 들어설 때마다 흔들린다. 대통령과 여당이 취향에 맞는 사람을 위원장과 상임위원으로 임명하는 탓이다. 인권위원회의 결정 방향을 집권 정당의 노선에 맞추려 해서는 곤란하다. 국가가 재정을 지원하되, 운영은 완전히 독립시켜야 원래 취지를 살릴 수 있다. 진정한 민주 정부라면 불편한 감시자를 인권위원 자리에 앉혀야 한다.

국가인권위원회는 진보적일 때 의미가 유지된다. 기존의 관념과 가치를 신중하게 지킨다면 법무부 인권국으로도 충분하다. 익숙한 데서 벗어나 가려진 인권을 찾아내는 역할이 필요하다. 인권위원회 기능이 법원의 재판과 다르다는 점도 중요하다. 의외로 많은 인권위원이 "위법이 아니므로 어쩔 수 없다"는 이유를 대곤 한다. 위법하지 않으면 인권침해 행위가 될 수 없다는 기본 전제는 법률가의 직업병적 한계에서 비롯됐다. 위원회는 실정법을 넘어, 보수적인 사법 판단의 범위 바깥에서 인권적 가치를 캐낼 때 존재 의의를 지닌다. 기존의 제도권에서 타성에 젖어 감행하지 못하는 수준으로 인권을 실현하고, 그것이 행정소송의 대상이 돼서 취소되더라도 끊임없이 진보적으로 영역을 개척해나가는 것이 인권위원회의 임무다. 머뭇거리는 보수의 손을 이끌어 그들 인식의 지평을 넓히는 것 역시 의무다. 따라서 인권위원으로는 법률가보다 인권 활동가가 더 적합하다.

개인의 인권을 보호하고 "그 수준을 향상시킬 것"을 목적으로 규정한 〈국가인권위원회법〉 제1조를 보면 국가에

 경계에 서는 법

인권 기구가 필요하다는 발상의 역사적 연원뿐만 아니라 전반적인 사태를 이해할 수 있다. 발견한 권리든 만든 권리든 인권위원회는 2024년 10월 고교생의 핸드폰 사용 권리에 대해 10년 전 결정을 뒤집었다. 수세적으로 회귀하는 인권위원회의 모습이 미래를 바라보는 인권적 감성의 렌즈에는 100년쯤 퇴보하는 듯 비친다.

달콤 쌉싸름한 통념

〈국가보안법〉 위반과 보안관찰로 17년 동안 감옥에 갇혔던 서준식은 석방된 지 10년째 되던 1997년 후반에 다시 구속됐다. 그가 집행위원장으로 진행했던 제2회 인권영화제에서 상영한 조성봉 연출의 〈레드 헌트〉가 이적 표현물이라는 이유에서였다. 4·3사건을 다룬 다큐멘터리의 감독은 무사했고, 상영한 사람만 재판받게 됐다.

서준식은 인권 운동가답게 자신의 재판을 인권 운동의 일환으로 삼고자 아이디어를 냈다. 접견실에서 변호인에게 수인 번호가 달린 옷깃을 가리켰다. 재판 때도 그대로 입고 나가야 할 미결수의 제복이었다. 구속 피고인이 법정에서 수의를 입어야 할 근거는 어디에도 없었다. 평상복 차

경계에 서는 법

림을 허용해달라고 요청하기로 했다. 그때까지 구속 피고인이 수의가 아닌 옷을 착용한다는 것은 상상할 수 없었다. 피고인은 겨우 포승만 풀고 수갑은 그대로 착용한 채 법대 앞에 섰다.

재판이 열리던 날, 피고인의 가족은 양복 한 벌을 보자기에 싸 들고 왔다. 변호인들은 미리 재판부에 평상복 착용을 요구하는 신청서를 제출해두었다. 단독판사는 재판이 시작되자마자 특별한 제안에 대한 판단을 먼저 내렸다. 결론은 기각이었고, 이유는 간단했다. "행형 목적상 필요에 따른 오래된 관행이므로 피고인에게만 특혜를 줄 수 없다."

손에 잡히는 인권 확장을 시도한 기획자들은 실망했다. 재판 시 수의 착용은 행형 목적과 무관하고, 법정의 질서 유지 권한은 재판장에게 있다. 관행은 굳이 지켜야 할 덕목이 아니며, 잘못됐다면 즉시 폐기해야 옳다. 당연한 것을 허용하는 조치가 특혜가 될 수 없으며, 한 번의 시행으로 일반화되면 선도적 역할을 하는 셈이 된다. 그날의 재판장은 인권에 관심 있는 모든 사람에게 기억될 기념비적 결단을 포기하는 대신, 사건 당사자들만 잊지 못할 안전한 결정을 하고 말았다.

그로부터 수개월 뒤, 법무부 장관 박상천이 미결수에 대한 무죄추정의 원칙을 지키겠다며 법정에서 구속 피고인의 사복 착용을 허용한다는 정책을 발표했다. '검찰권 남용 억

제'와 '인권을 위한 혁신적 조치'라는 홍보 문구까지 곁들였다. 지금은 당연하게 여기지만, 1999년 봄부터 가능해진 구속 피고인의 사복 착용은 여기서 기원을 찾을 수 있다.

2024년 10월 서울고등법원은 복역 중인 재소자를 징벌해 117일, 80일 연속으로 독방에 감금한 구치소의 처분을 위법하다고 판단했다. 규칙을 위반한 수형자를 법령에 따라 처벌했다고 해도, 장기간 지속적으로 징벌방에 홀로 감금한 것은 인권침해로 재량권의 일탈이나 남용에 해당한다고 밝혔다.

그로부터 4년 전, 무려 여덟 차례나 징벌을 받아 독거실에 갇혔던 불량 재소자가 인권을 침해당했다며 진정했다. 국가인권위원회는 구치소가 규정대로 징벌했으므로 위법이라 볼 수 없다며 기각했다. 불복한 수형자가 국가인권위원회의 기각 결정을 취소해달라는 행정소송을 제기한 것이다. 당시 위원장은 인권 단체 등에서 활동한 인물이었다. 위원회는 법원의 재판처럼 실정법의 규정에 얽매이지 않고 전향적 기준을 제시하는 역할을 감당해야 하며, 따라서 법률가보다 활동가를 인권위원으로 임명하는 게 더 바람직하다는 필자의 주장이 무색해지고 말았다.

행정부보다는 사법부가, 사법부보다는 재야의 활동가와 NGO가 인권을 위해 선도적이고 진보적이라는 통념이 깨지는 실례들이다. 통념이 깨지면 조금 허탈하고 당혹스러울 수는 있지만, 진취적이며 적극적으로 방향을 제시했던 과거의 일관된 주장이 보수적이고 수동적인 기관을 일깨운 결과로 해석할 수도 있다. 통념은 낡은 고정관념일 뿐이며 깨뜨릴수록 나은 방향으로 가는 문을 여는 셈이니, 누가 손잡이를 당겼든 환영할 일이다.

대통령의 자폭과 국민의 지혜

근대적 의미의 헌법과는 거리가 있었지만, 비스마르크가 독일제국 탄생을 선포한 뒤 채택한 1871년의 〈독일제국헌법〉은 제국 의회의 의결만 거쳤다. 제1차 세계대전이 막을 내리고 공화국을 수립한 뒤 마련한 1919년의 〈바이마르헌법〉역시 제정 과정이나 명칭까지 〈독일제국헌법〉과 매우 흡사하다. 〈바이마르헌법〉은 기본권과 경제 조항으로 장식돼 역사적 이정표만 남긴 채 단명했고, 독일은 나치의 터널을 지나 제2차 세계대전 종전과 함께 비로소 실질적인 헌법을 갖추게 됐다.

동서로 양분된 독일은 1949년 헌법을 각자 제정했다. 서독은 헌법 대신 기본법이라는 명칭을 채택했다. 헌법은 통일 독일의 이름으로 사용하기 위해 유보했다. 국민투표를 하지 않고 미국·영국·프랑스 연합국의 승인을 얻은 다음 11개 란트Land의 비준을 거쳤다. 기본법은 10개 란트가 찬성해 시행됐는데, 한때 '연합국 헌법'이라는 비아냥을 들어야 했다. 동독은 인민위원회를 거쳐 소비에트 군정의 승인으로 헌법을 탄생시켰다.

1989년 11월, 베를린장벽이 무너졌다. 〈서독기본법〉에 의하면 서독이 동독을 받아들이는 방법은 두 가지였다. 그 중 하나로 제146조는 국민투표를 통해 통일 독일의 헌법을 제정하는 방법을 규정하고 있었다. 그러나 독일은 보다 효율적이고 빠른 방법을 선택했다. 제23조에 따라 동독의 다섯 개 주를 개별적으로 서독 연방에 편입하는 조약을 체결했다. 그로써 독일은 기본법 아래서 통일을 완성했다.

그럼에도 여전히 통일 헌법을 제정해야 한다는 과제가 남았다. 1991년 연방 상·하원 공동의 헌법위원회를 구성해 진지한 논의를 펼쳤다. 결론은 따로 헌법을 제정하지 않는다는 것이었다. 다른 사정도 있었겠지만, 헌법과 관련해 일관된 결정적 근거는 국민투표를 거치는 과정에서 발생할 무질서보다 기존의 안정적 체제를 유지하는 편이 낫다는 판단이었다.

독일은 역사상 국민투표를 시행한 적이 단 한 차례도 없다. 민주적 정당성이라는 개념과 용어를 만든 국가가 독일이라는 사실을 고려하면 재미있는 사실이다. 민주적 정당성은 근대 헌법과 함께 국가 권력 기구의 구성과 운영에 만병통치약처럼 작용하는 상징적 힘이다. 대통령이나 국회가 각자의 권력을 행사하고 상대방을 견제할 수 있는 형식적이고도 실질적인 근거가 바로 민주적 정당성이다. 민주적 정당성의 정화가 바로 국민투표다. 독일은 민주적 정당성의 의미나 가치보다, 국민투표를 거치는 과정에서 발생할 격렬한 토론을 넘어서는 국론 분열과 혼란의 무질서를 피하는 방식이 더 현실적이라고 보았다.

우리의 경우 단일한 목적으로 모든 유권자가 동시에 의사를 표시하는 국민투표 형식은 대통령 선거가 대표적이다. 선출이 아닌 찬반 의사를 묻는 전형적 국민투표 중 하나는 개헌 절차다. 1987년 이후 개헌을 위한 국민투표가 한 번도 없었던 현실의 이면에는 독일과 유사한 사정이 있다. 그래서 필요한 개헌은 하되 혼란을 최소한으로 줄이겠다는 의도에서 '원포인트 개헌'이라는 말까지 나왔다.

대통령의 임기와 관련한 개헌 논의는 잊힐 만할 때쯤 다시 시작되곤 한다. 전 대통령의 자폭과 같은 비상사태 선포에 반응하는 시민들의 태도를 보면, 우리 국민은 민주적 정당성을 어떤 형태로 발휘해도 질서를 유지할 수 있는 수준과 자격을 지니고 있다는 사실을 새삼 확인하게 된다. 독일처럼 일말의 두려움 때문에 편한 방법만 찾지 않아도 되는,

어지러운 사태 가운데서도 질서와 지혜를 발휘하는 국민의 국가를 지켜가고 있다. 다만 상대방의 어리석음이 나의 현명함이 되는 것은 아니라는 점을 성찰해야 하는 과제가 남는다.

다시 헌법 국가로

근대성은 인류 역사에서 새로운 국면으로 접어드는 입구를 열어준 하나의 빛이었다. 그러나 등대처럼 미리 준비돼 멀리서 우리를 유도하는 길잡이는 아니었다. 근대는 특정한 시기를 말하는 것이 아니라 우리가 걸어가는 길을 밝히는 전조등으로 나타났다. 근대성은 통과하는 문이 아니라 우리와 여정을 함께하는 가치다. 그 불빛이 속삭이는 의미에는 인간 중심, 이성, 합리성 등이 포함돼 있다. 무엇보다 야만성에서 벗어나 비폭력의 안정된 세상을 기대하게 됐다.

근대성에 대한 희망이 구체적 모습으로 드러난 것이 국가다. 자유와 권리에 눈을 뜨게 된 근대적 인간이 자기 정

경계에 서는 법

체성의 유지를 위해 울타리를 필요로 하게 됐고, 거기에 부응한 것이 근대국가였다. 완전하고 유일한 정치 공동체 역할을 하게 됐다. 근대라는 빛 아래 국가야말로 모든 것을 통치하는 정치적 통일체로서의 질서 개념이 돼버렸다.

질서 개념의 국가는 바로 근대와 함께 등장했다. 근대국가는 군주주권에서 국민주권으로 이행하는 주권 혁명의 결과물이다. 군주의 신민이 주권자로 변신해 군주를 대신할 정치 대표자를 선출하게 됐다. 그런 원리를 담은 상징물로 탄생한 것이 헌법이다. 정치적인 것에 제도적 질서를 부여하는 권위의 양식인데, 말하자면 근대국가라는 새로운 집의 설계도이자 사용 설명서나 마찬가지인 셈이다. 그러나 헌법은 실용적 매뉴얼이 아니라 사람이 살 수 있도록 제대로 기능하는 집을 유지시키는 근원적인 힘이다.

그럼에도 세계 인류는 서로 한 가족처럼 평화롭게 지내지 못한다. 다투며 자국의 이익을 앞세우고, 무참한 살상으로 점철된 전쟁을 끊임없이 일으킨다. 국가 내부에서도 갈등이 간헐천처럼 솟아나고 화산처럼 폭발한다. 헌법이 정치를 만드는 것이 아니라 정치가 헌법을 만드는 광경이 속출한다.

가끔 우리는 지금의 나 혹은 타인의 생각이 제정신에서 나온 것인지 의심할 때가 있다. 그때 판단 기준이 없다면 혼란스럽다. 마찬가지로 우리의 견고한 정치 공동체인 국가 역시 제대로 기능하고 있는지 의심스러울 때가 생긴다. 국가에는 사람의 두뇌나 AI 칩 같은 것이 없다. 오직 헌법이 있을 뿐이다.

국가가 제정신이 아닌 것처럼 보이는 현상은 국가권력을 행사하는 사람의 잘못된 판단에서 초래된다. 잘하고 못하고는 흔한 일이지만, 국가가 버린 줄 알았던 야만성을 되찾아 폭력적으로 돌변할 때는 사정이 달라진다. 이때 등장하는 판단 기준이 헌법이다. 헌법은 근대성의 표지 중 하나이므로, 야만적 폭력성을 가려내는 잣대가 된다. 헌법에 따로 정신 기능이 없음에도 고귀한 가치를 부여하는 까닭은, 헌법이 규정하는 국가권력의 속성 때문이다. 국가권력은 언제나 주권자인 국민의 자유와 권리에 의해 그 권한 행사가 제한되는 것이 헌법의 원리다. 국가권력은 헌법 아래서만 존속한다.

우리는 지난 섣달에 국가의 폭력성을 감지했다. 어떤 사람은 군사정권 시절의 악몽을 떠올렸고, 어떤 사람은 놀랍고 새로운 경험을 했다. 무너지기 직전 민주주의의 둑에 난 구멍을 순식간에 막아버린 힘은 두려움을 모르는 국민의 헌법 정신에서 나왔다. 헌법을 지키려는 정신의 무기고에는 군대의 총칼을 능가하는 위력이 잠재되어 있기 때문이다. 헌법을 준수할 의무는 국가권력에 있고, 국민은 헌법의 수호자라는 사실을 확인한 계기였다.

 경계에 서는 법

일순 긴장을 느끼게 했던 비상계엄 사태는 우리가 헌법 국가에 살고 있는 헌법 국민이라는 사실을 다시 깨닫게 했다. 우리는 근대인으로서의 자격을 갖추었다는 점을 입증했고, 전근대적 야만성을 물리쳤다. 엉뚱한 비상계엄 사태 이후에는 사태를 정돈하고 세계시민에게 우리 민주주의의 견고한 토대를 보여줘야 한다. 폭력을 제거하기 위한 폭력은 어디까지 허용되는지 성찰하며 헌법 국가를 지키는 일이 우리의 의무인데, 그것이 쉽기 때문이 아니라 어렵기 때문에 해내야 한다.

특권의 역설

권리는 그 특성 중 배타성 때문에 만족감을 준다. 권리의 고유 영역에서 타인의 간섭을 배제하며 자유라는 공간을 제공하기 때문이다. 권리가 개인에게 속할 때 배타성으로 얻는 만족감은 곧 행복이다.

국가기관의 권리는 개인의 권리와 확연히 다르다. 헌법의 국가기관은 개인의 권리를 보장하기 위해 존재한다. 따라서 권력 기구의 권리는 권한이라고 표현한다. 권한도 고유의 범위 내에서 배타성이 인정되지만, 그로 인한 결과는 국가기관의 이익으로 돌아가는 것이 아니다. 권한을 배타적으로 행사할 수 있다는 측면에서는 권리지만, 그 효과가 국민의 자유와 권리를 보장해야 한다는 측면에서는 의무다.

특권이란 것이 있다. 헌법이 보장하는 국회의원의 불체포특권이나 면책특권이 대표적이다. 그러나 헌법 조문에 특권이라는 표현은 없다. 보통 사람들에게는 인정되지 않는, 오직 현역 국회의원에게만 부여되는 권리이므로 특권이라고 부르게 됐다.

특정한 지위에 있는 사람에게만 인정되는 것을 특권이라고 한다면, 헌법상 국가기관의 권한은 모두 특권이다. 국회의원뿐만 아니라 대통령, 사법부 등의 권능은 특권일 수밖에 없다. 보통의 권리와 다르다는 점에서 특권을 가진 자가 특별해 보일 때도 있다. 그 지점에서 특권의 운명이 갈린다. 아니면 특권이 행사자의 운명을 결정한다.

영국은 입헌군주제의 전통에 따라 모든 의회의 결정에 대한 추인권을 왕이 가진다. 그런데 왕은 특권처럼 부여된 추인 거부권을 단 한 번도 행사하지 않는다. 한편 국왕은 모든 기소 대상에서 제외된다. 불기소특권이다. 그러나 왕은 범죄를 저지른 적이 없다. 범죄를 저지르지 않음으로써 불기소특권을 유지한다.

호주는 영국 왕을 국왕으로 삼는다. 영국 왕이 임명하는 총독은 헌법상 통치 기구 중 하나다. 의회에서 의결하는 모든 법률안은 왕을 대리해 총독이 승인하거나 보류한다. 총독이 승인한 법률이라도 왕이 1년 이내에 불승인하면 효력을 상실한다. 지금도 여전히 왕과 총독의 헌법상 특권은 변함없다. 헌법이 탄생한 이후 불승인권 행사가 이루어진 예는 단 한 차례도 없다.

불체포나 불기소특권은 범죄를 저질렀을 때 향유할 수 있는 특전으로 보이지만, 실상은 범죄를 저지르지 않음으로써 그 상징적 힘을 계속 발휘하게 한다. 승인권은 일상의 권리처럼 보이지만, 거부할 때 비로소 특권으로 드러난다. 거부권 역시 좀처럼 행사하지 않음으로써 특권은 온전하게 유지된다. 특권의 역설이다.

역설을 가능하게 하는 힘은 정치적 관행이다. 관행은 여야의 신뢰를 바탕으로 형성된다. 암묵적으로 동의하고 합의한 약속을 서로 지킬 때 가능하다. 헌법이 규정한 권한이라 해서 예외적 특권을 행사하는 순간, 정치적 상황은 복잡하게 돌변한다. 옳고 그름을 따지게 되고, 결국은 일반 법률의 권리처럼 법원이나 헌법재판소로 달려가 결말을 요구한다.

헌법이나 법률에 대한 감수성이 높아진 우리에게 정치적 관행은 아주 비논리적이어서 불합리하게 보인다. 정치권은 주어진 권리나 권한을 적극적으로 사용해야 본분에 충실한 것으로 여긴다. 법률안 의결권과 거부권, 탄핵소추권, 비상계엄 선포권 등은 한쪽 측면에서 보면 법적 권리요 권한이지만, 다른 쪽에서 보면 정치적 특권이다. 어디까지가 행사의 적정 한계선인지 아무도 모른다.

무엇이 우리를 혼란에 빠뜨리고 무엇이 안정을 가져다주는가? 이 역시 미래의 새로운 질서가 해결할 문제다. 지난날 프랑스 헌법학자의 한마디가 의미심장하게 들릴 뿐이다. "프랑스 정부의 강력함과 안정성은 헌법보다 단결력과 규율이 있는 의회 다수파의 존재에 더 의존하고 있다."

수범자와 수호자

앙드레 지드André Gide가 10대 후반일 때 프랑스는 제3공화국에 접어들어 혼란과 안정 사이에서 균형을 찾는 중이었다. 초기에는 공화파와 왕당파 사이에 논쟁이 치열하게 벌어지기도 했다. 그즈음 어느 날 지드는 사촌들과 숲속을 산책했다. 누가 지드에게 물었다. "넌 왕당파야, 공화파야?" 이전에 "가톨릭이냐 개신교냐"는 질문에 곤욕을 치른 바 있는 지드였지만, 이번에는 자신 있었다. "공화파야." 프랑스는 공화국이니 그렇게 대답하는 것이 당연하다고 여겼다. 그러나 왕당파였던 사촌들로부터 엄청난 비난을 받아야 했다.

지드의 이야기를 듣고, 어머니 쥘리에트가 말했다. "다음에 또 사람들이 너는 어느 편이냐고 묻거든, 헌법 수호자 편이라고 대답하렴." 지드가 헌법 수호자는 무엇이냐고 묻자, 어머니는 이렇게 대답했다. "네가 모르듯이 다른 사람들도 그게 무슨 말인지 모를 거야. 그러니 그렇게 말하면 더 이상 묻지도 않을 거야." 정치적으로 양분된 분위기에서 중립적이면서도 침해 불가능한 듯 보이는 헌법 수호파를 자처하라는 제안은 법대 교수를 남편으로 둔 어머니의 재치 넘치는 발상이었다.

헌법을 지키는 일이 정파적 의견의 한쪽에 서서 싸우는 일보다 국가나 자신을 위해 바람직하다는 것쯤은 누구나 안다. 문제는 자기가 가담한 편의 정치적 판단이 절대적으로 옳다는 믿음일 뿐이다. 정치적 양극화 현상도 근본적으로는 정치인과 그에 동조하는 정치 평론가들의 궤변적 논리와 현란한 언변이 정치를 감시하려는 시민을 일시적으로 현혹하기 때문인지도 모른다.

헌법은 애당초 국가 구성원 모두가 법의 적용을 받는 수범자로 전제된 규범이 아니다. 국가 권력기관으로 하여금 지키도록 만든 것이 헌법이다. 그 목적은 국민의 자유와 권리 보장이다. 국가 권력기관을 담당하는 공직자는 헌법 수범자이며, 국민은 헌법 수호자다. 단순하게 표현하면, 국민은 법을 지키면 되지 헌법을 지킬 필요는 없다. 헌법을 지켜야 할 지위에 있지 않다는 뜻이다.

그런데 가끔 헌법 질서를 외치며 모든 국민이 헌법을 제대로 지켜야 국가가 정상화될 것처럼 호도하는 분위기가 조성되기도 한다. 헌법을 지켜야 할 고위 공무원과 정치인이 그 책임을 은근히 국민에게 전가하려는 의도 때문이다. 마치 자기 정파의 정견에 따르지 않는 여론 탓에 헌정 질서가 흔들린다는 듯 질타하고 계몽하려 든다.

헌법 수호자는 수범자가 제대로 헌법을 지켜 이행하는지 감시해야 할 의무가 있다. 그것이야말로 헌법 수호자의 유일한 헌법적 의무다. 헌법 질서가 흔들리는 일이 잦으면, 헌법이 파괴된다. 프랑스는 제3공화국 이전 제정 시대에 쓰라린 경험을 했다. 임기 10년의 제1통령이 된 나폴레옹 보나파르트는 미리 재선까지 확정해 20년의 통치 기간을 확보했다. 그것도 모자라 종신 통령제를 국민투표에 부쳤다. 투표자의 찬반 의사가 대장에 표기되는 공개투표였다. 뒤이어 직접 제출한 헌법 개정안을 심의 없이 통과시켜 원로원과 호민원을 완전히 장악했다. 헌법 옹호자를 자처한 보나파르트는 그렇게 헌법 파괴자가 되었다.

다른 나라의 사건을 예로 들지 않더라도 우리는 이승만·박정희·전두환 정부의 경험이 있다. 그때나 지금이나 헌법의 비상계엄 규정은 변함없고, 지난날 독재 행태를 답습한 권력 행사가 재현됐다. 국민은 수호와 파괴의 양상을 각자 판단해야 하는 처지에 놓였다. 대통령도, 국회도, 헌법재

     경계에 서는 법

판소를 포함한 사법부도 헌법 수범자인데, 헌법 수호자로서 판단의 국민적 합의를 어떻게 할 것인가라는 과제를 피할 길 없이 부여안아야 한다. 수호자의 의무가 고단하기만 하다.

무엇이 우리 사회를 만드는가

'법대로 하자'는 구호가 유행한 때가 있었다. 무엇이든 법대로 되지 않고, 언제나 불만이 가득한 현실 때문이었다.

1945년 광복과 함께 일본 패전의 반사이익처럼 주권을 찾았다. 남쪽 절반만 선거를 치르고 헌법을 제정했다. 대통령이 된 이승만은 재임 중 두 차례 개헌을 했다. 피란 간 부산에서 재선을 위해 한 번 부결된 개헌안을 발췌해 다시 제안하고, 비상계엄 아래서 공고 절차 없이 기립 표결로 통과시켰다. 두 번째는 더 터무니없었다. 영구 집권을 노린 개헌 시도는 한 표 차이로 부결됐다. 다음 날 반올림 셈법을 동원한 억지 주장으로 국회 의결을 번복했다. 모두 위헌의 개헌이었다. 결국 부정선거에 항거한 4·19혁명으로 물러

났고, 새 정권은 박정희의 군사 쿠데타로 탄생했다. 18년의 독재는 경제성장을 볼모로 자유권적 기본권을 억압했다. 그 시절 여섯 차례의 개헌 역시 유신에 이르기까지 정권 연장이 목적이었고, 그 과정은 위헌과 위법이었다. 박정희 피살에 이은 전두환의 군사 쿠데타와 집권 또한 마찬가지였다.

법은 하나의 형식에 불과했다. 무법과 위법, 탈법의 정치 현상이 사회에 끼치는 영향의 반작용으로, 법대로만 해도 세상이 달라질 수 있겠다는 희망을 가졌다. 1990년 확정된 망원동 수재 사건은 소송의 새로운 경지를 열었다. 집단소송과 공익소송의 상징적 출발점이 됐다. 그즈음부터 법률 운동을 중심으로 한 시민운동이 전개됐다. 소액주주 운동은 사문화된 상법 조항을 살려내 경제민주화 운동으로 확산시켰다. 그 힘은 정부의 정책 수립과 집행까지 법의 해석으로 통제할 수 있다는 희망을 만들어냈다. 새만금 간척 사업은 착공한 1991년 당시 총공사비가 2조 원을 훨씬 넘는 대규모 국책 사업이었다. 세계 최장 방조제가 완공될 무렵인 2003년 한 환경 단체가 나서 공사 중지 가처분 신청을 했고, 서울행정법원이 이를 받아들였다. 간척 사업 자체를 막지는 못했지만, 가처분 하나로 엄청난 충격을 던졌다. 환경 훼손을 시민의 힘으로 막았다는 감동과 함께, '사법의 행정권 개입'이라는 비난과 우려도 뒤따랐다.

김대중 정부에서 시작해 노무현 정부가 구체화한 과거사 정리 작업은 〈제주 4·3사건 특별법〉 제정과 위원회 구성으로 출발했다. 진실화해와 5·18민주화운동 진상규명 등 여러 과거사위원회가 2020년까지 계속 설치됐다. 대법원장이 사법부 과거사에 대한 반성과 청산을 약속했고, 검찰과 국정원도 자체적으로 과거사위원회를 구성했다. 피해자들의 손해배상으로 종결되는 과정에서 근대사의 여러 국면이 재구성됐고, 재심이 일반화되는 파생 효과가 있었다. 사법부의 판단은 본의와 무관하게 역사적 시선과 사실에 영향력을 행사했다. 문재인 정부의 적폐 청산 수행 방식도 여전히 법과 재판이었다. 좋은 의도에도 큰 성과 없이 많은 부작용을 낳아, 일상의 공적 행위를 직권남용이나 업무방해의 판단 대상으로 만들고 말았다.

진보 정부 사이에 집권한 이명박·박근혜·윤석열 정부는 법치를 통한 민주화에 반동적 제동을 걸었다. 보수적 지지를 기반으로 삼았지만, 결과는 형사재판과 탄핵재판으로 이어졌다. 그리고 지금에 이르렀다.

법과 재판이 우리 사회를 만들어가고 있다. 그 과정에서 재판의 결과 하나하나가 전체 국민의 논쟁 대상으로 부상했다. 법원에 대한 폭동까지 일어났다. 모든 것을 법과 재판으로 해결하려 할 뿐만 아니라, 재판에 대한 재판도 요구되고 있다. 법치주의에 대한 점검으로 정리될 현상은 아니

경계에 서는 법

다. 미래의 법치주의는 달라질 수밖에 없는지 살펴야 할 지점까지 왔다. 우리가 만든 법과 재판제도가 우리의 지혜 범위를 뛰어넘어 저절로 움직이는 것은 아닐 텐데, 묘안은 안개 속에 있다.

새로운 시작

저항권의 발동은 헌법 바깥의 권리를 행사하는 형식이지
만, 헌법 질서가 파괴되는 상황에 맞서 헌법의 수호를 목적
으로 하는 것이기에 정당화된다. 그런 의미에서 저항권은
헌법 밖의 권리지만 나중에 헌법 질서 내의 행위로 편입된
다. 저항권의 요건을 갖추지 못한 것은 쿠데타다. 과거에는
넓은 의미에서 저항권 행사나 쿠데타를 모두 혁명으로 부
르는 예도 없지 않았으나, 쿠데타의 정당성을 부인하기 위
해 요즘은 엄격히 구분한다. 저항권이나 쿠데타는 혼란 속
에서 폭력이나 무력이 동원된다.

혁명은 기존 권력을 송두리째 뒤집어엎는 사태만 지칭
하는 것은 아니다. 사후에 용인되는 정치 변혁에 따른 폭력

을 수반하지 않는 정권 교체도 혁명이나 마찬가지다. 찬반 의사표시가 격렬하게 오가지만, 최소한의 질서가 유지되는 가운데 이루어지는 헌법적 혁명도 있다. 헌법이 허용하는 헌법 질서의 수호를 위한 정권 교체로, 바로 대통령 탄핵 절차가 그것이다. 헌법 제정 이후 벌써 두 번째 탄핵에 의한 정권 교체를 맞았다.

이렇게 우리가 경험한 것은 정치 변동으로서의 혁명이다. 허용할 수 없는 정치 행태의 종말과 희망을 걸 수 있는 새 정치 질서의 시작이라는 두 개의 시간이 충돌하는 지점에서 발생하는 균열이 정치 변동이다. 우리는 바로 그 분기점을 지나왔다.

정치 변동은 극명할 정도로 새로운 시작을 의미한다. 새로운 질서가 없으면 낡은 질서의 붕괴를 정당화하기 어렵다. 잘못된 권력의 행사에 대한 처벌이 아니라 교체가 정치 혁명이다. 대통령 윤석열의 내란죄에 대한 재판으로 탄핵 절차가 이루어진 것이 아니며, 그에 대한 형벌로 파면을 선고한 것이 아니다. 형사재판은 나중의 일이다. 우리는 헌법 절차에 따른 혁명으로 역사의 무대에서 그를 내려가게 한 것이다.

혁명의 목적은 자유다. 반란의 목적이 해방인 것과는 다르다. 해방은 기본적 권리를 억압하는 상태로부터의 탈출이지만, 자유는 정치 폭력으로부터 벗어남을 뜻한다. 해방은 자유의 조건일 수 있지만, 민주적 자유를 완전히 보장하지 못한다. 해방이 보장하는 자유는 사적 자유다. 혁명이 가져다주는 정치적 자유는 공공 영역의 자유다. 구체적 정치 행위에 직접 관심을 두지 않더라도, 권력자의 잘못된 통치행위로 억압을 느낄 때 민주 시민은 참을 수 없다. 민주적 인내의 한계를 넘어서는 지점에서 일궈내는 정치 변동이 헌법적 혁명이다. 그로써 정치적 자유를 회복한다.

폭력으로 뒤집는 혁명은 새 질서를 이끌 절대자의 출현을 기대했다. 과거 혁명의 역사다. 그러나 헌법적 혁명은 국민이 지난날의 영웅을 대신한다. 주권자 스스로 절대자의 역할을 맡는다. 윤석열 정부를 낡은 사고와 폭력적 정치의 주범으로 판단해 현실의 무대에서 퇴장시킨 결단을 받아들일 수 있게 한 근거는 새로 등장한 대통령이 아니라 새 대통령을 선출한 우리 스스로의 의지다.

새 질서에 개헌이 반드시 포함돼야 한다는 원칙은 어디에도 없다. 개헌은 필요하면 하는 것이지, 새 출발의 조건이 아니라는 말이다. 예컨대 대통령의 횡포를 막기 위해 비상계엄 권한을 극히 제한하거나 삭제할 이유가 있을까? 헌법에 지금과 같은 규정이 있기 때문에, 잘못 선포된 비상계엄과 그 행위자를 동시에 제거할 수 있었다는 사실을 되새겨야 한다.

혁명을 단순한 과거의 사건으로 사라지게 만들지 않으

려면, 우리 능력을 새로운 질서에 대한 열정과 욕망으로 발휘해야 한다. 우리는 모두 근대국가에 살고 있고, 근대국가는 모두 혁명의 산물이다. 우리는 애당초 혁명적 존재다.

민주국가와 공화국의 헌법

우리 지도자를 내가 직접 뽑는다. 당연한 것 같으면서도, 실제로 그럴까 싶기도 하다. 내가 마음에 드는 사람을 대통령으로 임명한다면 환상적이겠지만, 현실에서는 한 표를 행사할 뿐이다. 개표 결과 내가 투표한 후보자가 당선되면, 내가 임명한 것이나 다름없다고 할 수 있는가?

내가 자유롭게 한 표를 던지는 행위가 민주주의다. 개별 민주주의라 할 수 있다. 나와 같은 생각을 하는 사람들이 많아 특정 후보를 당선시켰다면, 그것은 집단 민주주의다. 별것 아닌 것 같은 개별 민주주의가 집단 민주주의에 포함되면 영향력이 커진다.

다른 측면에서 보면 흥미롭다. 개인이 도덕적일 경우 치열한 경쟁에서 불리하다. 이기적인 사람에게 이기기 어렵기 때문이다. 그러나 집단이 도덕적일 때는 다른 집단보다 경쟁에서 유리하다. 인간이 이기적 유전자의 배달 상자에 불과하다면, 저마다 자기 이익을 위해 행동하는 것은 당연한 현상이다. 그런데 인간의 집단은 개인을 위한 이익보다 집단 전체의 이익을 위한 결정을 내릴 때가 있다. 자연 선택에서 그런 집단 선택이 개별 선택보다 유리한 경우가 있다는 것이,《종의 기원》이후 다윈의 수정된 견해 중 하나였다.

한동안 인간이 자기의 이익을 포기하면서까지 왜 이타적 행동을 하는지에 대한 해답으로 신新다윈주의의 집단 선택론이 기세를 올렸다. 예증과 반증이 엎치락뒤치락하던 끝에 결국 개별 선택 이론이 우위를 점했다. 이에 동조하듯 경제학계에서 신자유주의가 등장했다. 경제활동을 개인의 자유에 맡겨놓으면 각자 자기의 이익을 위해 행동하고, 그것이 모여 전체적으로 최대의 이익이 된다는 논리였다. 이런 현상은 민주주의에도 영향을 끼쳤다. 전체의 조화를 위한 조절이나 규제보다 개인의 자유를 최우선으로 고려하는 신자유주의가 곧 민주주의라는 주장이 생겨났다. 최대한의 자유는 능력을 기반으로 하는 경쟁으로 합리화되었다. 타고났거나 노력에 의해 얻은 능력에도 불평등한 불공정이 개재되어 있다는 사실은 검토할 틈도 없이, 균등한 기회만 보장되면 경쟁은 합법이라는 신자유주의가 민주주의의 핵심처럼 자리 잡았다.

그러다 보니 자유마저 경쟁에서 이긴 소수만의 특권이 되고 말았다. 경쟁에서 진 사람들은 반발해 혁명을 꿈꾸는 것이 아니라, 체제에 순응하고 스스로 패배자나 피해자로 여겨 움츠러든다. 인간유전체학을 종합적으로 탐구하는 과학자 최정균의 표현을 빌리면 "생존에 위험을 느끼는 불안한 환경 속에서 교감신경과 편도체가 활성화되어 생물학적으로 보수가 된다." 정당부터 개인까지 대체로 보수화하는 현상이 이해된다.

여기서 헌법 제1조 '민주공화국'의 의미를 되새겨볼 필요가 있다. 흔히 정체와 국체로 나누어 민주가 의사 결정 방식을, 공화가 주체를 의미한다고 설명한다. 결국 민주국가와 공화국은 동어반복이나 마찬가지다. 민주국가가 과정이라면, 공화국은 그 목적이나 결과다. 그러나 공화국의 의미는 달라야 한다. 특권에 예속되지 않고 최대 수혜자와 최소 수혜자 사이의 차이를 최대한 줄이며 함께 어울려 살 수 있는 정치 공동체를 공화국이라고 정의해야 한다. 다수가 어느 정도 합의한 공동선을 사회정의로 상정하고, 그 실현을 위해 개인의 자유를 조화시킬 수 있어야 진정한 공화국이다.

민주국가에 치우칠 때 공화국의 실체는 희미해질 수 있

다. 내가 투표한 사람이 당선된 민주주의와 내가 미워하는 사람이 당선된 민주주의는 같은가, 다른가? 두 민주주의가 공존할 수 있는 국가가 공화국이다. 개별 투표가 모인 상대적 다수의 집단 선택이 공공의 이익을 증강시켜야 한다. 민주국가임과 동시에 공화국인 국가의 건설이 어떻게 가능할지 모색해보는 일이, 제헌절의 사색, 또는 공상이다.

훈계에 대한 시대적 공상

리베카 솔닛Rebecca Solnit은 어떤 남자로부터 훈계에 가까운 설명을 들었다. 그는 잘못된 정보를 장황하게 늘어놓았는데, 솔닛은 그 경험을 바탕으로 2008년 온라인 잡지 〈톰 디스패치〉에 '설명하는 남자'라는 제목의 에세이를 썼다. "여성인 너는 모를 것이다"라는 전제하에 권위적 태도로 가르치듯 떠벌리는 행태를 '맨스플레인mansplain'이라고 불렀다. '남자man'와 '설명하다explain'를 합성한 신조어로 급속히 유행해 몇 년 뒤《옥스퍼드 사전》에도 등재됐다.

가르치는 일은 필요하다. 인간의 성장에 필요한 자양분을 공급하기 위해서든, 필요로 하는 정보를 전달하기 위해서든. 가르치는 직업은 교사나 교수인데, 교수의 사정을 들

　　　경계에 서는 법

여다보면 안타깝다. 세속적이지 않은 지성인으로 진실과 양심에 가까운 존재라는 세평을 받기를 원하면서, 실제로는 속물근성을 벗어나지 못한다는 점에서 위선적이다. 도덕적으로 우위에 속하는 집단이라는 일반의 인식은 사라진 지 오래다. 한 분야의 전문가로서의 사회적 기능도 형식적이다. 수요자의 요구에 따르다 보니, 교수는 학자라는 지식 노동자에서 필요 정보 전달자의 지위로 내려앉았다. 그마저도 AI 시대를 맞아 초라해지고 말았다.

교육의 전반적 경향이 그렇다 보니, 훈계는 더 말할 것도 없게 됐다. 훈계는 잘못을 지적해 꾸짖고 앞으로 비슷한 일을 되풀이하지 않도록 타이르는 행위다. 인간적 본성을 중시하고 인문주의를 내세우는 입장에서 훈계는 도덕성을 강화하는 수단으로 여긴다. 그러나 훈계의 의미나 효용이 가끔 시대착오적인 것은 아닌지 의심스러울 때가 많다.

제도화된 훈계가 여전히 남아 있다. 형사소송 규칙은 "재판장은 판결을 선고하면서 피고인에게 적절한 훈계를 할 수 있다"라고 규정한다. 법령에 근거한 훈계권은 자주 행사된다. 법정에서 구두로는 물론이고, 판결문에 적기도 한다. 이런 예가 있다. "'속담에 죄는 지은 데로 가고, 덕은 닦은 데로 간다'고 했다. 피고인으로 인해 숱한 고통 속에서 살았을 가족을 생각하며 철저히 반성하고, 앞으로 다시는 이 사건 범행과 유사한 잘못을 저지르지 말고, 성실하게 살도록 하라."

재판장은 마트에서 물건을 훔친 40대 중반의 공무원 출신 피고인에게 징역 3년을 선고하면서 진지하게 훈계했다. 아울러 재판 현실과 동떨어진 가중처벌만 능사로 아는 입법 행태에 대한 간접 비난도 슬쩍 포함시켰다. 입법 행위는 판사의 재량권을 제한할 줄만 알지, 피고인의 장래에 대해서는 무관심할 뿐이라는 앞서 언급한 이유에서다.

훈계의 근거는 법령이지만, 기대 근거는 권위다. 판사에게는 피고인에게 훈계할 자격이 있다는 전제에서 그런 권한이 부여된다. 실제로 그런가 생각하면, 옛날이라면 몰라도 지금은 회의적이다. 자격보다 효과를 고려하면 더욱 그렇다. 판사의 훈계를 듣는 피고인은 비정한 사회에서 참고 견디며 살아가는 새 사람이 될 수 있을까?

판사뿐만 아니라, 부모나 교사의 훈계도 비슷할 것이다. 누구를 가르치는 행위는 포기할 수 없지만, 누구를 어떤 존재로 만드는 일은 불가능에 가깝다. 〈유 퀴즈 온 더 블록〉 진행자가 초등학생에게 물었다. "잔소리와 조언에 대해 어떻게 생각하나요?" 대답은 단호했다. "왠지 모르게 잔소리는 기분 나빠요. 그런데 조언은 더 기분 나빠요."

사람은 참견을 싫어하고, 훈계는 더 싫어한다. 맨스플레인에 이어 우먼스플레인이라는 반격하는 용어도 등장했다. 판사는 정당한 법적 근거를 가지고 훈계하려 들면서,

　　　경계에 서는 법

입법을 재판에 대한 훈계로 여긴다. 사법부는 피고인이 아
닌 다른 쪽을 향해서는 훈계하거나 반격할 방법을 모른다.
법적 근거가 없어서일까, 본질적 한계 때문일까?

4장

삶의 법

생각하는 대로
살아간다

진보도 보수도 아닌

시간은 변화의 조건이다. 시간은 양적 개념이 아니라거나, 그
흐름이 화살의 궤적처럼 선형적이지 않다거나, 시간은 아
예 존재하지 않는다는 물리학자들의 현학적 목소리는 현실
의 보통 사람들에게 무의미하다. 무엇인가 변화가 생겼을 때
거기에는 시간의 경과가 작용했다는 사실을 경험으로 안다.
누구나 살아가면서 안팎으로 변화를 겪는다. 변화 속에서
스스로 변화하는 것이 인간 존재를 포함한 삼라만상이다.

변화가 불가피할 뿐만 아니라 상존하는 현상이라면, 사회
라는 하나의 계系에서 이루어지는 점진적이며 다발적인 변화
에 거는 기대가 있을 수밖에 없다. 방향성에 대한 기대다. 어
차피 일어날 변화라면 바람직한 방향으로 일어났으면 좋겠

다는 바람이다. 공동체 구성원 대다수에게 이익이 되는 방향의 변화는 발전, 또는 진보라고 등급을 올려 부르기도 한다.

시대의 흐름에는 퇴보도 나타난다. 마땅히 진행해야 할 방향과 반대쪽으로 변화가 발생하는 사태를 일컫는다. 당연히 한쪽에서 퇴보라고 지적하는 변화를 다른 쪽에서는 발전이라고 환영하기 마련이다. 사회현상을 하나의 질문으로 간주하면, 그에 대한 대답은 언제나 양가적이다. 정답이 하나뿐인 문제라면 누가 고민하겠는가.

발전이든 퇴보든 모두 방향성을 가지는 변화다. 그런데 발전은 진보와 다르다. 발전은 방향이 앞쪽이든 뒤쪽이든 상관없다. 양적으로나 복잡도에서 더 큰 쪽으로 경향성을 보이면 발전이다. 진보는 양보다 질이다. 오른쪽이든 왼쪽이든 더 나은 방향으로 향하는 움직임을 지칭한다. 케케묵은 정치 운동 마당의 용어와 구별된다. 나은 방향의 기준 하나는 근대성이 될 것이다. 근대성은 고정된 과거 어느 시점에 반짝였던 지표가 아니라, 미래가 우주의 팽창처럼 달려가면 뒤따라가는 것이다. 야만에서 벗어나는 것, 어느 정도 예측 가능하고 합리적인 것, 덜 어리석은 것이다. 그런 방향으로의 변화를 적극적으로 원하는 태도가 진보이며, 거부하는 것이 아니라 변화 이전의 상태와 가치를 유지하려는 의지가 보수다. 퇴보는 진보의 반대지만 보수도 아니다.

미국에서 일어난 변화에 세계가 반응한다. 연방 대법원

이 낙태의 권리를 확인한 반세기 전의 결정을 번복했다. 헌법적 쟁점이 아니라며 연방 대법원 스스로 권한의 일부를 포기하면서 여성의 임신 중지 결정권을 부인했다. 1973년 로 대 웨이드 사건의 선고가 획기적 진보였다면, 엊그제 돕스 대 잭슨 판결은 보수인가 퇴보인가? 보수 성향이라고 평가되는 연방 대법원 판사 여섯 명이 내린 결론이라고 단순히 '보수적'이라는 후한 평점을 줄 수는 없다. 꼬집어 말할 수는 없어도 심한 시대적 역행에서 비롯되는 현기증을 느끼게 하기 때문이다. 퇴보의 충격이다.

변화란 묘한 현상이다. 변화를 원하는 사람은 대개 자기 자신을 제외한 나머지가 변하기를 기대한다. 자신도 함께 바뀌면 변화의 극적 효과를 누리지 못할까 걱정이 앞서기 때문이다. 변화란 정의하기도 힘들지만, 평가하기는 더 어렵다. 그렇지만 시대의 눈에 비치는 퇴보는 퇴보다.

삶의 역사에서 긍정적 방향의 변화와 부정적 방향의 변화가 거듭하는 이유는 무엇일까? 어쩌면 세상의 형평을 유지하기 위한 섭리일지 모른다. 변화가 한 방향으로만 진행되면, 결국에는 종말에 도달하고 말 테니까. 그렇다고 세상의 막다른 지점에 닿지 않기 위해 허망한 퇴보를 참고 견뎌야 한다는 말인가? 만약 그렇다면 차라리 종국에 도달하는 사태를 감수하는 편이 낫다. 진정한 진보의 종착지는 파국이 아니기 때문이다.

인문학의 유산

인문학은 어느새 익숙한 말이 되었다. 진지해 보이려면 인문학 서적 몇 권쯤은 읽어야 할 것 같다. 언제나 인문학에 대해 떠들면서, 인문학이 많은 문제를 해결해줄 것처럼 여긴다. 그러면서 정작 인문학이 무엇이며, 왜 인문학이라 부르는지 잘 모른다. 사전은 언어, 문학, 역사, 철학 따위를 연구하는 학문이라 정의한다. 조금 다르게 설명하면, 자연을 다루는 자연과학에 대응해 인간을 대상으로 하는 학문이다. 그렇다면 왜 인간학이 아니고 인문학인가? 인간을 중심으로 삼되 문자를 도구로 한 문학, 또는 문예로 표현하는 방식에서 유래했기 때문이다.

신학이 모든 것을 압도했던 중세 스콜라주의는 신 중심

의 세계를 구축하기 위해 궤변도 마다하지 않았다. 그런 경향에 반발해 보다 우아하고 간결한 인간의 문장을 회복하자는 움직임이 일어났다. 예수 탄생 이전이나 로마제국의 기독교 공인을 전후해 아직 종교가 서양인의 시대적 삶을 가두기 전의 '고대인의 문체'로 돌아가자는 것이 인문주의였고, 더 나은 '인간의 글'을 의미하는 'literae humaniores'의 번역어가 인문학이다. 19세기 독일 학자들이 가까운 과거를 거부하고 먼 고대 로마를 숭상하는 작가들을 인문주의자로 지칭한 예와 상통한다.

그러나 인문학은 단순한 복고주의가 아니었다. 중세 서양인들이 고통과 절망에서 벗어나 인간의 행복을 찾아 나섰을 때, 희망과 기쁨으로 당대를 찬양한 선구자는 종교적 사상가도, 정치인도, 시인도 아니었다. 지성을 갖춘 인문주의자들이었다. 지적 노력으로 고대의 지혜를 재발견하며 현재의 즐거움으로 바꾸었다.

혈기 왕성하고 두뇌 회전이 빠른 젊은이들에게 라틴어 시를 외우게 하는 것에서 벗어난 지금의 인문학은 온갖 복합적 의미를 담고 있지만, 옛 인문학의 전통은 여러 형태로 남아 있다. 저수지에서 무슨 사태가 발생하면 공무원들이 삽과 양동이를 들고 달려가는 것이 아니라, 문자로 채운 보고서부터 작성하는 관행이 그렇다. 사람들 사이에 벌어진 분쟁에 규범적 평가를 하며 결론을 설명하는 판결문도 그

범주에 든다. 어떤 상황에서든 맞는 논리를 골라 배치하고 수사학적 표현을 찾아 헤매는 변호사의 고민 역시 인문학적 정경이다.

생각이나 논리를 담은 짧은 글이든, 그것을 모아 전달하는 신문이나 책이든 애당초 인류에게 글은 메타버스였다. 글로 다른 현실을 창조할 수 있었기 때문이다. 문장으로 불가능한 것을 가능하게 만들어 가상의 공간을 넓혔다. 그 안에서 현실의 불만을 해소하고 오류를 수정했다. 전통적인 글 읽기는 다양한 이야기를 내 머릿속에 집어넣어 증폭시킨다. 읽는 이의 뇌가 컴퓨터였다. 그런데 이제는 문자가 인터넷과 스마트폰에 위협당하고 있다. 정교한 반도체 기술과 황홀한 기계장치가 꾸민 단말기 속으로 나를 밀어 넣는다. 손바닥 크기만 한 화면에서 손톱만 한 앱을 통과하면 무한의 세계를 만난다.

SNS나 틱톡 역시 문자나 언어로 전달하는 것이니 현세대에게는 책이나 신문보다 훨씬 훌륭한 대체재가 될 수 있다. 하지만 그것들이 신적 지위를 차지하더라도, 종이에 찍은 문자 영역의 효용이 소멸하지는 않을 것이다. 과거와 구식은 폐기의 대상이 아니라 새것을 받아들이는 기준이 된다.

 경계에 서는 법

사실과 사건

2022년 발표된 노벨 물리학상 수상자 세 사람의 공적은 양자 얽힘 현상을 실험으로 증명한 것이다. 양자물리학은 원자보다 작은 미립자의 세계를 대상으로 삼는다. 그곳에서는 우리의 직감과 어긋나는 일이 일어난다. 법률가의 눈에는 비논리적인 현상이 일반화된 듯한 혼란의 현장으로 보인다.

양자는 극소의 물리량으로, 에너지 단위이자 패턴이다. 양자 얽힘이란 한 쌍의 양자에서 한쪽의 상태가 결정되면 아무리 멀리 떨어져 있어도 다른 쪽의 상태에 영향을 미치는 관계를 말한다. 양자 얽힘은 양자 중첩이 전제되는데, 양자에 양립이 불가능한 두 개 이상의 상태가 동시에 존재하는 것을 일컫는다. 디지털 체계에서 하나의 값은 0 아니면 1이다. 반면 양자는 0이기도 하고 1이기도 한 중첩 상태로 있다. 관찰하는 순간 0 또는 1로 결정된다. 이런 양자가 한 쌍일 경우, 하나가 0으로 결정되면 떨어져 있는 다른 하나는 1이 된다. 강력한 상관관계로 얽혀 있다는 뜻이다.

양자 현상의 응용은 놀라운 결과를 보여주지만 양자도, 그 작용도 우리 눈에는 보이지 않는다. 전문가가 모니터로 파형을 보여준다 해도 이해할 수 없다. 보이지 않고 이해할 수 없는, 경험조차 불가능한 것은 실존한다고 할 수 있는가?

우리는 대체로 느낄 수 있고 이해 가능한 세계 속에서 살아간다고 믿는다. 그렇지 않은 것은 의심한다. 우리를 둘러싸고 있는 무수한 것 중 하나가 사건이다. 너 나 할 것 없이 모두 사건을 보고, 듣고, 느끼며 겪는다. 스스로 사건을 만들어내고, 다른 사건과 부딪친다. 역사학자의 말처럼 '사건은 먼지와 같다.' 사건은 분명히 존재하는데, 보이는가? 헤아릴 수 있는가? 하나의 사건은 어디서부터 시작되고 어디까지가 끝인가? 법률가들은 사건을 대상으로 다루는 직업인데, 기록 하나가 그 사건의 전부인가?

사건의 구성요소쯤 되는 것이 사실이다. 사실은 사건보다 단순한 것처럼 보이나 파고들면 더 복잡해진다. 큰 분자보다 훨씬 작은 원자나 양자의 실체가 더 미묘한 사태와 유사하다. 대부분의 싸움은 사실을 놓고 이루어진다. 재판은 물론이고, 정쟁도 마찬가지다. 사실의 객관성을 강조하기 위해 굳이 '팩트'라고 표현하는 습관도 생겼다. 사실만 제대로 밝히면 모든 문제가 해결될 것처럼 흥분한다. 그러나 사실이든 사건이든 보는 측면에 따라 달라지고, 해석이 덧붙여지면 더욱 달라진다.

국가의 내일에 대한 대통령의 말과 양자역학에 대한 물리학자의 말을 비교해보면 어떤가. 사람들은 무슨 말인지 금방 알아들을 수 있는 정치가의 말은 불신하고, 과학자의 말은 도무지 이해 불능임에도 진실로 받아들인다. 하지만 과학적 지식 역시 사실에서 도출된다. '사실 위에 세워진 구조물'이 과학이다. 그럼에도 사실의 불확실성 때문인지 과학자의 눈에 과학은 완전무결하기는커녕 엄밀한 객관성조차 갖추지 못할 때가 많다. 하나의 사실을 두고 서로 다른 주장으로 팽팽히 맞서는 일이 빈번하다. 그러다가 '완전히 정반대인 것처럼 보이는 입장이 나중에 가서 더 넓은 전망으로 합쳐져, 둘 다 옳다고 밝혀지는 결말이 과학이 지닌 아름다움'이라며 평화롭게 마무리 짓기도 한다.

법률가가 아니더라도 보통 사람들은 대개 사실에 옳고 그름이 존재한다고 생각한다. 선 아니면 악이라는 식이다. 그러나 물리학에 비유하자면, 사실에는 양자처럼 상반된 의미와 요소가 중첩되고 얽혀 있다. 하나의 사실을 그르다고 단정하는 순간, 거기서 옳음은 완전히 배제된다. 아울러 그 사실은 다른 사실에 영향을 끼친다.

　어떤 '사실'은 흑인가, 백인가, 아니면 회색인가? 명쾌한 대답을 제시하지 못할지언정, 그 고민의 과정을 통해 사회가 유연해질 것이다.

진실과 거짓, 옳음과 그름

2005년 노벨 문학상 수상 기념 강연에서 해럴드 핀터Harold Pinter는 1958년 자신의 노트에 쓴 한 구절로 이야기를 시작했다. "실재와 실재하지 않는 것, 진실과 거짓은 명확한 구분이 없다. 어떤 사물이 반드시 진실이거나 거짓이어야 할 필요는 없다. 진실인 동시에 거짓일 수도 있다."

지적 호기심을 자극하는 무언가가 내포된 심오한 진리를 말하는 듯하다. 고양된 정신 수준에 다다른 현자가 지혜의 금언을 던지는 것 같기도 하지만, 사실 특별한 전문적 공부나 훈련을 거치지 않은 평범한 사람들도 삶의 경험으로 느낄 수 있는 현상이다. 곰곰이 생각에 잠겨보면 수긍할 수 있다며 고개를 끄덕일 터다.

그 순간 당혹감에 휩싸이기도 한다. 세상 모든 일에 진실과 거짓의 구분이 없다는 뜻인가? 옳고 그름이 없다면 도대체 무엇을 기준으로 판단하고 살아가라는 말인가? 당장 우리가 부정적 사회현상으로 지목해 추방 운동을 벌이고 있는 가짜 뉴스라는 것도 존재하지 않는다는 것인가? 진짜도 가짜처럼 허망하고, 가짜도 진짜와 동등한 가치와 지위를 누려도 좋다는 말인가?

사실은 실재하는 것이고, 인간 행위도 사실의 일부다. 그때 행위자의 생각은 사실인가 아닌가? 벌써 모호해진다. 드러난 것만 사실인가? 행위자의 의도를 배제하고 행위를 이해할 수 있는가? 행위라는 사실을 해석하는 데 행위자 의사를 확인하거나 추측하는 것은 필수 요건이다. 그렇다면 드러나지 않는 것도 사실을 구성하는 요소가 된다. 사실 확정이 어려운 이유 중 하나다.

한 사람의 행위가 그 자체로 아무 문제도 없다면, 그것은 부정되지 않는다. 허용된 자유로운 몇 가지 행위가 병렬적으로 존재해도 마찬가지다. 그런데 그런 행위가 모이고 쌓이면 어느 순간 새로운 차원에 도달한다. 의미와 가치가 달라진다. 아무렇지도 않던 행위가 거대해지면 혁명적 힘으로 폭발하기도 한다. 그때는 극도로 긍정적 평가의 대상으로 부상한다. 그런가 하면 유사한 크기의 행위라도 다른 형태로 발현되면 참사의 원인이 되기도 한다. 원인의 책임을 규명하기 위해 정치적 행동이 법의 이름으로 작동한다.

긍정적으로 보이는 행위의 집합은 옳은 것으로 평가되고, 부정적으로 비치는 행위의 집합은 그른 것으로 지적된다. 특정한 사실에서 옳은 것과 그른 것이 드러나 구분되는 현상을 실재로 받아들인다. 이때 옳은 것과 그른 것은 진실과 거짓의 의미와는 다르다. 그러나 평범한 일상에서는 옳은 것을 진실에, 그른 것을 거짓에 대응시키기도 한다. 사실에는 옳고 그름이나 진실과 거짓의 구분이 당연히 존재한다는 것인가? 존재에서 당위가 도출되는가 하는 것은 법철학의 문제이기도 하다.

다시 현실로 돌아간다. 사실을 두고 진실과 거짓의 구분이 어려울지 모르나, 진실이나 거짓 또한 사실이다. 사실에서 진실과 거짓의 구분은 일상을 살아가는 데 반드시 필요하다. 핀터의 메모장에는 앞에서 인용한 부분에 바로 이런 구절이 이어진다. "나는 이 주장이 아직도 맞는 이야기이고, 예술을 통해 실재를 탐험하는 데 적합하다고 생각한다. 그래서 작가로서는 이를 지지한다. 그러나 시민으로서는 이를 지지할 수 없다. 시민으로서 나는 무엇이 옳고 그른지 질문해야 한다."

다소 위안이 되는 결론이다. 그래야 살아가는 데 힘이 된다. 자유방임적 사고와 허무적 회의주의에서 벗어날 길을 발견한다. 옳고 그름이 존재해야 하고, 옳음을 추구하며 행동을 선택해야 한다. 그러나 잊어서는 안 될 일이 있다. 그것이 언제나 유일한 옳음은 아니라는 것이다. 내가 옳다고 판단한 다른 편에는 또 다른 옳음이 있다는 사실을 인정해야 한다. 따라서 웬만하면 내가 선택한 옳음에 목숨을 거는 식의 과도한 용기는 자제하는 것이 현명하다.

무기질의 사실들

대나무 사이에 드문드문 삼나무가 섞인 숲의 덤불 속에서 한 사내가 죽었다. 일하러 가던 나무꾼이 시신을 발견했다. 승려가 사건 발생 직전에 말을 탄 남녀 한 쌍을 목격했다. 살해된 자는 가나자와 다케히로라는 사람이었고, 말을 타고 함께 가던 마사고는 그의 아내였다. 마사고 어머니의 증언으로 범인이 밝혀졌다. 포졸은 살인 용의자로 강도 전과가 있는 다조마루를 체포했다.

다조마루가 자백했다. "내가 죽인 것은 사실이나, 여자는 해치지 않았다. 격투 끝에 사내를 해치우고 보니 여자는 사라지고 없었다." 마사고가 나타났다. "범인은 바로 저예요." 다조마루가 남편을 속여 묶어놓고 그 앞에서 자기를 겁탈했다. 수치심을 이기지 못한 마사고는 경멸의 눈초리로 쳐다보는 남편의 가슴을 칼로 찔렀다고 고백했다. 죽은 자는 말이 없다고 했던가. 무당의 입을 통해 가나자와의 진술이 이루어졌다. 아내가 도망치는 것을 보고 배신감을 느낀 나머지 떨어진 칼을 집어 자결했다고 주장했다.

하나의 사건을 두고 나무꾼, 승려, 포졸, 노파, 다조마루, 마사고, 그리고 가나자와가 차례로 목격하거나 경험한 사실을 말했다. 저마다의 진술은 엇갈렸고, 사건을 둘러싼 의문은 풀리지 않았다. 심지어 죽은 자의 혼령까지 동원했으나 진실은 미궁 속에 갇히고 말았다.

'진실은 존재하지 않는다'거나, 사실에는 진실과 거짓의 여러 면이 섞여 있다는 메시지를 전하는 것으로 알려진 아쿠타가와 류노스케의 단편 〈덤불 속〉 줄거리다. 많은 사람들이 구로사와 아키라가 1950년에 만들어 다음 해 베니스 영화제에서 황금사자상을 받은 〈라쇼몽〉으로 알고 있다. 〈라쇼몽〉 역시 아쿠타가와가 〈덤불 속〉보다 7년 전인 1915년에 발표한 소설이다. 구로사와는 소설 〈라쇼몽〉의 무대를 기본 틀로 삼고 〈덤불 속〉 스토리를 집어넣어 영화 〈라쇼몽〉을 탄생시켰다. '옳고 그름은 무엇인가'라는 주제와 '진실은 존재하는가'라는 의문을 교묘하게 뒤섞어, 일부 영화 평론가조차 동명의 〈라쇼몽〉을 원작으로 한 영화라고 해설할 정도로 제목과 형식에 은유적 혼란을 심어놓

경계에 서는 법

았다.

우리는 사실을 정확히 확인하기만 한다면 그 진상을 파악할 수 있다고 믿는다. 진상은 진실을 말한다. 사실에서 진실을 가려낼 수 있는지 따지기 전에, 사실을 객관적으로 인식하는 일이 가능한가가 선결문제다.

필요할 때 사실을 알 수 있도록 고안한 현실의 기계장치 중 하나가 폐쇄회로다. 화면에 나타나는 영상은 언제나 한 면만 보여준다. 정확도를 높이기 위해서 여러 개의 카메라를 설치한들, 여러 개의 단면이 나타날 뿐이다. 복수의 단면이 사각지대를 완전히 제거한다는 보장은 없다. 행위자의 말과 표정은 물론, 표시되지 않는 내심의 의도와 심리적 상태 역시 사실을 결정하는 요소다. 진실을 판단하기 전의 사실 확인은 경우에 따라 불가능할 수도 있다는 점을 짐작한다. 소설이나 영화가 의미심장하게 일러주듯, 사건에 직접 관여한 당사자조차 정확한 사실을 모를 수 있다. 사실은 과거의 것이므로 현재에 재현하는 일은 만들어내는 것이나 다름없다.

무엇이 사실이냐는 문제가 수사와 재판을 둘러싼 혼란은 물론, 전쟁에 가까운 정치 싸움의 원인으로 작용하는 양상만 보더라도 뭔가 깊이는 것이 있다. 서로 상반된 주장만 일관하는 정치인이나 피의자는 자기가 바라보는 사실만 믿고 의지할 뿐이다. 그런 사실은 마치 행위자로부터 분리된 행위처럼 보인다. 항상 정체를 분명히 드러내지 않는 '사실'이란 존재의 몹쓸 속성 때문에 국민과 국가를 위해 노심초사하는 여야 정치인만 곤욕을 치르는 것인가? 잘못이 있다면 모호하기 짝이 없는 무기질의 사실들일까?

미래의 기억

"이 세상의 사회가 붕괴하고 있다. 출생률이 떨어지고, 농촌 인구는 줄고, 군대 기강은 흐트러지며, 자살이 점점 늘어나는 데다, 광기와 정신박약, 폐 질환은 자꾸 증가하고, 신경쇠약과 활력 감소의 징후가 짙어지고, 음주와 약물 남용이 곳곳에 만연하며, 아이들의 시력은 갈수록 약해진다."

이것은 루돌프 아른하임 Rudolf Arnheim 이 1979년 쾰른에서 펴낸《엔트로피와 예술》속 구절인데, 스스로 만든 것이 아니라 1919년에 나온 헨리 애덤스 Henry Adams 의《민주주의 교리의 쇠퇴》에서 인용한 문장이다. 애덤스 역시 창작자는 아니었는데, 실은 1910년경 독일과 프랑스의 신문에서 거의 매일 떠들어대던 말을 옮긴 것이다.

110여 년 전 유럽에서 유행하던 주장이 몇 년 뒤에 미국의 책에 다시 등장하고, 60년이 더 흐른 다음 독일 책에서 재인용되었으며, 17년 후 한국에서 번역됐는데, 그로부터 또 30여 년이 흐른 지금 이 말을 써도 전혀 어색하지 않다. 아마 19세기 이전에도 시대의 조류인 양 이런 말이 떠돌았을 것이다.

한 세기도 더 전의 유럽 시대 상황은 왜 지금 우리 실정에 비추어도 낯설지 않을 만큼 크게 달라지지 않았을까? 변화란 결국 인간의 착시 현상이고, 삶의 실질이나 근본은 애당초 잘 변하지 않기 때문일까? 일정한 양상은 반복되기 마련인가? 사회 환경에 대한 인간의 인식 패턴이 그렇게 만드는 것일까?

그럼에도 우리는 세밑을 맞으면 조금은 들뜬 기분이 된다. 새해의 입구가 단지 쳇바퀴의 회전수를 하나 더 올리는 발판이 아니라, 새로운 판도의 세계로 들어가게 해주는 희망의 문으로 느껴지기 때문이다. 신년으로 접어드는 순간 마음에 차지 않았던 지난 것들을 털어버릴 수 있다는 기대 때문이다. 여태까지 지녔던 것을 잊거나 폐기하면, 앞으로 생기는 것은 새것일 수밖에 없다는 단순 논리가 쾌감을 가져다준다.

그래서 '망년'은 한때 불가결의 연례행사였다. '송년'으로 용례가 바뀐 것은 아마 어감 탓이었겠지만, 그 형식에

        경계에 서는 법

불과한 용어 선택에 담긴 정치적 올바름의 뉘앙스에는 여전히 망년의 위로가 남아 있기에 유효하다. 그러나 등 뒤에 두었다 해서 잊히는 것은 아니다. 뒤돌아보면 사라지지 않고 그대로 쌓여 있다. 지난 한 해를 버린다고 해서 가벼워지기는커녕, 등에 얹혀 현재의 삶을 더 무겁게 만들 우려가 크다.

우리는 과거가 없으면 살지 못할 존재처럼 지나간 것에 집착하는 경향을 보인다. 잦은 반성이나 성찰의 시간은 물론이고, 미래를 지향한다는 명분으로 펼치는 기획 프로그램조차 지난 일에 기댄다. 과거의 사건을 파헤쳐 청산하고자 애쓰는 노력으로 역사적 의무를 수행한다. 학교에서 가르치고 배우는 내용은 끊임없이 재생산되는 옛 지식과 정보다. 정치 무대에서 벌어지는 싸움에 가장 자주 동원되는 무기는 어제 상대방이 저지른 실수다. 어린 시절 비행이 하나만 드러나도 개인의 미래는 일순 먹구름 속에 빠져든다. 모든 뉴스는 어제의 일이며, 창조는 세계의 모방에 지나지 않는다. 그러니 법조의 영역은 말해 무엇 하겠는가. 수사나 재판이나 변론이나 판례 평석이나, 지난 것이 소멸해버리면 존립이 불가능하다.

마냥 과거에 떠밀리다시피 새날을 맞을 수는 없는 노릇이다. 낡은 과거를 파괴하기보다 참신한 미래를 건설하는 일에 몰두할 수 있다면 우리 기분은 한결 나아질 수 있으리

라. 새 달력을 본다. 루이스 캐럴의 《거울 나라의 앨리스》
는 1871년 이즈음에 나온 책인데, 한 페이지에는 이렇게 적
혀 있다. "지나간 일만 안다면, 그건 기억력이 무척 나쁜 거
란다."

설날 앞에서

불안이 사라지면 힘이 생긴다. 희망이 그 자리에 대신 들어서는 듯한 느낌이 든다. 무언가 예측이 가능할 때 안정이 찾아온다. 어둠 속에서는 두렵지만, 보이면 힘이 난다. 미래의 청사진이 던져주는 심리적 시각 효과의 힘으로 저마다 아침에 일어난다. 따져보면 한낱 기분에 지나지 않는 것이 삶의 동력이 되는 셈인데, 인간은 희망의 알을 품은 꿈의 새처럼 허망할 만큼 나약한 존재다. 그럼에도 그 꿈을 어느 정도나마 현실로 부화시킬 수 있는 능력을 자신의 실질 일부로 자부한다.

신년 벽두는 새로운 출발점으로 삼기에 제격이다. 대부분 힘을 얻는다. 그러나 두어 주 보내면서 계획이 어긋나다

보면 금세 맥이 빠지고 만다. 그런 의미에서 설날은 반갑기 그지없다. 신정에 이어 구정이라는 옛 이름으로 한 해의 출발 기회를 다시 얻을 수 있다는 것은 하나의 행운이다. 서력기원만 사용하는 국가에 비하면 우리는 마음먹기에 따라 새해를 두 번 맞을 수 있으며, '시작'의 유리한 점을 한 번 더 이용할 수 있다.

새해의 출발점을 양력이든 음력이든 1월로 삼으면, 그 마지막은 12월이 된다. 1월에 서서 12월의 끝을 바라보는 행위를 전망 또는 계획이라 부른다면, 그 기획에도 두 가지 방식이 있다. 하나는 12월을 저 높은 곳에 위치한 목적지로 상정하는 것이다. 도달을 목표로 한다면, 힘들여 오를 때 성취감을 얻을 터다. 다른 하나는 12월을 멀리 아래쪽에 놓인 보금자리로 여기는 것이다. 반드시 위로 오를 때만 계단을 사용하는 것이 아니라면, 내려가는 방식으로 1년을 설계하면 된다. 1년의 여정을 정상에서 하산하듯 걸어가도 설정한 지점에 닿을 수 있다.

인간의 미래에는 자신이 원하는 미래와 운명적 미래로 나뉜다. 12개든 365개든, 한 해를 계단에 비유해 개인의 전망을 실행해나가는 방식은 이 두 가지 미래 모두를 설명해주지는 못한다. 위로 오르든 아래로 내려가든 1년의 전망은 '자신이 원하는 미래'에 속한다. 위든 아래든 목표 지점이 미리 보이는 곳에 놓여 있다. 살아가는 과정을 오르는

 경계에 서는 법

방식으로 선택할지, 호흡을 가다듬으며 내려가는 방식을 선택할지는 저마다의 사정과 개성, 그리고 취향에 달렸다.

선택할 수 있는 사람은 운이 좋은 부류에 속한다. 그렇지 못한 사람은 하루하루를 자신의 의지와 무관하게 결정된 운명의 길인 양 견뎌야 한다. 정초에 서더라도 끝이 보이지 않는다. 섣달은 목표가 아니라, 저 위나 아래에도 있지 않다. 일직선의 평면 저편 어딘가에 있어 잘 보이지 않는다. 목표를 가리는 것은 가질 수 없는 건물과 차량, 그리고 경쟁 상대로는 버거운 수많은 인파다. 출발점과 목표점 사이를 메우고 있는 것은 헤쳐나가야 할 풍파다. 온갖 혼잡이 시야를 가려 불안하게 만들 뿐이다.

불안한 사람은 아침에 일어나도 힘이 생기지 않는다. 출발선에 서도 희망이 보이지 않는다. 주변이 불안한 사람들로 가득한데 자기 혼자 아무렇지도 않은 존재는 귀족이나 다름없다. 개인의 심리 상태를 지배하는 사회 계급을 없애려면, 아침에 힘을 얻어 걸을 수 있는 사람들이 불안한 사람들을 기억해야 한다. 국가의 제도와 정책은 그 기억이 상호작용을 일으키도록 배려하는 방향이어야 한다. 모든 국민을 앞이 보이지 않는 경쟁의 지평선 위에 세운다고 의회와 정부가 의무를 다하는 것은 아니다.

물리학자 존 데스먼드 버널John Desmond Bernal은 인간의 이성은 자기가 원하는 미래와 운명적 미래를 구별하지 못한다고 말했다. 그래서 평생 세상과 싸우듯 살아가야 한다. 어제의 꿈이 내일의 한숨이 될지언정, 우리는 오늘을 걷기 위해 또 새날을 맞는다.

경계에 서는 법

법률가의 여름

휴식 없는 노동은 없다. 휴식은 노동의 조건이면서 본질의 일부다. 그것을 〈노동법〉에서 제도화한 것이 휴가다. 휴가의 계절은 여름이다.

언젠가부터 휴가는 여행을 의미하게 됐다. 휴식은 일을 중단하는 것만으로 충분한 줄 알았는데, 소극적 휴식은 필요조건 정도에 불과했다. 재생산을 위한 재충전은 적극적인 휴식을 요구했다. 노동의 손을 내려놓고 발을 움직여 떠나는 것이 그 조건을 충족시켰다.

여행은 그냥 이루어지는 놀이가 아니다. 비용이 들 뿐만 아니라 육체적 노력도 수반돼야 한다. '집 나가면 고생'이라는 케케묵은 속담을 떠올리지 않더라도, 여행에서 돌아

오면 후유증을 달래기 위한 휴식이 또 필요하다는 역설적
현상은 누구나 경험한다. 그렇다면 도대체 여행이 어떻게
휴식이 되고 재충전의 기회가 된단 말인가?

이중환은《택리지》에서 땅의 경제성뿐만 아니라 산수로
서의 요건도 중요시했다. "산수는 정신을 즐겁게 하고 감
정을 화창하게 만든다." 좋은 경관을 구경하는 일의 효용
을 단적으로 표현했다. 여행은 곧 구경하는 행위였고, 그래
서 '관광'이라는 용어가 등장하게 됐다.

땅과 그것의 지질학적 변화가 만든 미적 요소를 그대로
재현한 산수화의 용도 역시 가서 보는 일의 대용이다. "그
림을 그리는 이유가 무엇인가? 산야를 헤매고 강호에서 쉬
면 좋지만, 이제 그럴 만한 기력이 없다. 젊었을 때 돌아다
니던 산하를 종이에 옮겨 당시의 느낌을 다시 가져보기 위
해 그림을 그린다." 위진남북조 시대의 화가 종병은 이렇
게 말했다.

일상과 다른 풍경을 보는 즐거움을 통해 정신을 새롭게
한다. 운이 좋으면 그런 작용의 과정 속에서 깔끔하지 않은
마음의 앙금을 걸러내고 지난날의 쓰라린 기억에서 벗어
나는 치유의 효과를 체험하기도 한다.

페루 출신으로 미국에서 활동하는 인류학자이자 소설
가 카를로스 카스타네다Carlos Castaneda는 1960년의 어느 날
멕시코 북서부 야키족 인디언을 만나 지혜를 얻기 위한 정

　　　　　　　경계에 서는 법

신 수련을 받게 됐다. 수업의 과정 중 하나는 경치 좋은 곳을 찾아 산속을 누비는 여행이었다. 그러다 빛으로 가득한 놀라운 풍경을 만났고, 그 순간은 그의 생에 중요한 의미를 남겼다. 그 뒤로 곤경에 처할 때마다 그때의 기억을 되살리면서 큰 위안을 얻었다.

옛날 중국이나 한국에서 수려한 산수화를 족자에 담은 것도 이와 무관하지 않다. 두루마리는 벽에 걸기보다 말아서 함 속에 보관하면서, 필요할 때 가끔 펼쳐 감상하기에 편리했다. 김우창의 판단에 따르면 그 비경의 그림은 장식품이 아니라 정신 수양의 도구였다.

현대사회는 현실의 공간 차원을 바꿔버렸고, 세계 곳곳의 절경을 구석으로 불러내 원하는 이의 안방이나 손바닥 위에 제공한다. 경이로움에 따르는 자극은 줄어들었지만, 여행을 특권이 아닌 대중적 취향의 대상으로 변모시켰다. 신비감에서 비롯된 기능은 기대할 수 없을지 모르나, 일상의 강박에서 벗어나게 해주는 효과는 분명하다. 여행의 치유적 기능은 여전한 셈이다.

민주화된 여행은 목적도 달라졌고, 형태도 다양해졌다. 단순히 거기에 무엇이 있는지 보러 가는 것이 아니라, 그곳에 있다고 생각하는 것을 보러 떠나기도 한다. 그리하여 놀랍도록 멋진 대상을 맞닥뜨리지 않더라도, 돌아오면서 고양된 정신의 성취감을 느낀다. 여행은 현실과 초월이라는 두 가지 욕망을 충족시키는 매력적인 놀이다.

뇌 활동에 따르는 정신적 압박과 육체적 긴장으로 열량을 소모한다는 점에서 법률가도 노동자다. 휴가를 떠나는 법률가는 스트레스를 해소함과 동시에 세상 보는 눈을 확장함으로써 획득하는 사고의 유연성을 저마다의 직업병을 다스리는 계기로 삼을 수도 있겠다.

이성과 감성

일본에는 온천이 많은 만큼 온천 전문가도 꽤 많다. '온천학 교수'라는 직함을 가진 사람이 추천하는 온천을 수록한 책자도 서점에 가면 쉽게 발견할 수 있다.

고모리 다케노리는 원래 방송국 프로듀서였는데, 온천을 소개하는 프로그램을 만들다가 급기야 연구하기 시작했다. 여든이 넘어서까지 일본 전역의 1만 3,000개가량의 온천을 답사했다고 알려져 분야 최고 전문가로 꼽힌다. 몇 년 전에는 일본의 온천 중 진짜는 1퍼센트밖에 되지 않는다고 폭로해 충격을 던졌다.

고모리는 자신의 기준에 따라 온천의 순위를 매기기도 했는데, 특히 비중을 두는 몇 가지 점이 흥미롭다. 첫째, 원천수여야 한다. 다른 집에서 가져온 물이 아니라, 자기 집에서 솟아나는 물이어야 한다. 이유는 다음 항목에서 드러난다. 원천에서 욕탕에 이르는 과정에서 가급적 공기와 접촉하지 않아야 한다. 배관을 거치더라도 땅속의 물이 사용자의 피부에 닿기까지 거리나 시간이 가능한 한 짧아야 한다는 의미까지 포함한다. 가열가수는 금기다. 원천수 온도가 낮아 데워도 안 되고, 너무 뜨거워 찬물을 섞어도 감점이다. 섭씨 50도 이상의 뜨거운 물은 욕조에 도달할 때까지 주름 또는 나선형 호스를 통해 흐르게 해서 식히고, 30도 이하의 물은 '냉온천수'라는 모순의 이름으로 그대로 사용하기를 권장한다. 마지막으로, 당연히 순환식은 하급으로, 거류식은 상급으로 친다. 사용했던 온천수를 여과해 다시 사용하지 않고, 한 번 탕을 거치면 바로 배수구로 흘려버리더라도 미련이 남지 않을 만큼 원천 수량이 풍부해야 한다.

까다로운 조건을 모두 충족시키는 온천수는 왜, 어디에 좋은가? 아마 우리 몸에 좋을 것이다. 피부에도 좋고, 경우에 따라 혈액순환이나 관절, 또는 소화기 기능을 원활하게 만들 수 있다고 여긴다. 고모리는 온천으로 암을 치료한 여성의 사례를 증언했고, 마루야마 겐지의 소설에는 온천물로 씻고 마셔 불치의 병을 극복한 이야기가 등장한다.

극적인 치유 효과는 차치하고, 기초 미용에라도 효능을 보인다면 그 이유는 무엇일까? 당연히 물에 함유된 성분 때문일 것이다. 그렇다면 세상에서 가장 뛰어난 온천수는 어떤 것인지 명확해진다. 정교하게 제조한 입욕제다. 그것이 과학이다.

그럼에도 대다수 사람들은 입욕제를 푼 욕조를 이용하기보다 수천 배의 비용을 들여 고급 온천 여관을 찾는다. 꼭 물의 성분만이 가치를 결정하는 것은 아니라는 융통성이 엿보이는 변명을 흘리며, 슬며시 과학적 태도를 버리고 감성적 제스처 뒤로 숨는다.

이중적인 우리 모습의 한 단면이다. 과학, 특히 화학과 관련해 조미료를 둘러싼 이해와 오해의 정도는 온천수보다 심하다. 마음대로 '천연', '인공', '화학' 같은 수식어를 붙여 주장의 의도를 왜곡하고 과장한다.

보통 사람들이 과학에 의존하는 경향은 과학자들보다 강하다. 그러면서도 어떤 경우에는 명백한 과학적 사실을 외면하고 다른 쪽을 선택한다. 플라스틱 케이스 속 알약과 약탕기에서 끓는 한약 중 어느 화학작용을 신뢰할 것인지도 각자 뇌 속의 화학작용이 결정한다. 과학적 결론이라고 항상 옳은 것은 아니며, 과학과 무관한 현실의 힘이 삶을 지배할 때가 많다. 우리나라와 이웃 나라에서는 한때 과학에 대한 믿음, 혹은 불신 때문에 진영화가 벌어지기도 했다.

과학을 둘러싼 인간 이중성의 현상은 규범과 재판의 영역에서도 흔하게 나타난다. 이중적 원리에서 왔다 갔다 하는 우리의 변덕을 어리석음이라고 평가하기도 한다. 스스로 현명하다고 확신하는 인간은 언제나 근대성을 그리워하는 전근대적 존재다.

어디에 선을 그을 것인가

2023년 10월 프랑크푸르트에서 열린 국제도서전에서 예정된 리베라투르상 시상식 행사가 취소되면서 논란이 일었다. 아시아, 아프리카, 아랍, 그리고 남미 등 제3세계 여성 작가에게 수여하는 상의 수상자는 팔레스타인 작가 아다니아 시블리Adania Shibli였다. 하마스와 이스라엘의 전쟁이 이유였는데, 한쪽 입장만 정치적으로 고려한 결과였기에 한국을 비롯한 여러 국가의 작가들이 항의를 표시했다. 시블리는 시상식에 참석하는 대신 파주로 와서 DMZ평화문학축전의 문학 포럼에 참여해 '전쟁, 여성, 평화'를 주제로 발제했다.

시블리의 대표작《사소한 일》은 리베라투르 수상작이자

전미도서상과 부커상 후보에도 올랐다. 이스라엘이 중동 전쟁에서 승리한 직후인 1949년 여름, 아랍 소녀가 이스라엘 군인들에게 집단 강간당한 뒤 살해된 사건을 소재로 한 길지 않은 장편이다.

소설에는 여러 경계선이 등장한다. 군사적·지리적·물리적·심리적·정신적 경계선이다. 사물 사이에 강요되는 경계선은 정치적 이유로 그어진 것이다. 어쩌다 경계를 넘게 되면, 그 행위가 벼르던 욕망의 결과가 아니라 순수한 서투름의 결과이므로 불안의 늪에 빠져든다. 팔레스타인에 거주하는 사람은 합리적이고 논리적으로 상황을 파악해 경계를 잘 지켜야 살아갈 수 있다. 정치적 경계는 가장 인위적인 선으로, 국경선이 대표적이다. 그런 경계는 물리적으로 명확해 보이나 근본적으로는 모호하다. 국경의 옳고 그름에는 복잡한 문제가 개재한다. 그럼에도 단호할 정도로 배타적이다.

경계는 사물 사이만이 아니라 모든 존재와 존재 사이에 놓여 있다. 존재는 그 자체의 표상적 정체성을 외피의 윤곽으로 드러내며 공간과 경계선을 긋는 가운데 세상의 인식 대상이 된다. 존재 이유를 증명하기 위해 움직이며 타자와의 사이에 놓인 유·무형의 무수한 경계와 부딪힌다. 삶 자체가 경계를 구분하는 일이기도 하다. 경계를 확인한 다음, 그것을 지킬지 넘을지 결정한다. 경계를 모르고 넘나들기도 하지만, 아예 무시하고 침범하는 경우도 많다.

존 버거John Berger는 어릴 적 어머니에게 들은 말을 산문에 적었다. "인생이란 본질적으로 선을 긋는 문제이고, 어디에 선을 그을지는 각자가 정해야 한다." 아주 사적인 사랑의 영역만 해도 그렇다. 열정에 타버리기 직전의 젊음은 서로 하나가 되는 것을 사랑이라고 착각한다. 성숙한 사랑은 상대방과의 사이에 명확한 선을 그어야 가능하다. 선을 긋는 행위는 상대의 영역을 존중하는 일이기 때문이다.

사적 영역을 확장하면 공동체가 되므로, 사랑의 근본 법칙에 해당하는 선 긋기는 정치의 장에서도 당연하다. 보이는 선과 보이지 않는 선이 혼란스럽기는 하지만, 어디서나 존재하고 항상 필요하다. 필수 불가결의 그 선은 뚜렷하고 고정된 것이 아니라 상황에 따라 움직인다. 정치적 동요와 안정은 그 파장에 따라 좌우된다.

대개 선은 인위적이므로, 시작 단계에서는 비교적 명확하다. 지금은 거의 효력을 상실한 통치행위니 고권행위니 특별권력관계니 하는 개념도 그렇다. 민주화의 명분으로 현실의 모순과 갈등의 모든 해결을 사법절차에 매달리듯 떠맡기면서 우리에게 필요한 선이 헝클어져버리는 지경에 이르고 말았다. 행정의 사법화, 정치의 사법화에 이어 사법의 정치화까지 선 긋기의 총체적 혼란 양상이다.

학문의 자유와 명예훼손 사이, 언론의 자유와 업무방해

사이, 장관과 검사에 대한 탄핵소추와 정치적 책임 사이, 감사원과 국가정보원과 공수처의 내부 갈등, 일방적 입법과 잇따른 거부권 행사 사이만 해도 선 긋기의 문제다. 잘못된 선 긋기로 일어난 가자 지구의 전쟁보다는 나아 보이는가?

연말의 선은 분명해 신년 벽두를 기다리게 한다. 내년의 선 긋기는 또 어떤 한 해를 창조할 것인가. 지켜볼 것인가, 행동할 것인가.

 경계에 서는 법

새해 아침의 언덕에서

로마의 스키피오는 한니발이 지키는 카르타고를 공격해 승리했다. 제2차 포에니전쟁의 승자에게 아프리카누스라는 별명이 붙었다. '아프리카의 정복자'라는 뜻이었다. 금의환향한 영웅에게 돌아온 것은 원로원의 고발이었다. 공금횡령 등의 혐의로 세 번 법정에 선 끝에 모멸감을 견딜 수 없었던 스키피오는 정계에서 은퇴하고 사라졌다.

제3차 포에니전쟁의 영웅도 스키피오였다. 불명예스럽게 떠난 스키피오의 처조카인데, 스키피오 아들의 양자로 들어가 스키피오가家의 일원이 된 그를 소小 스키피오로 부른다. 사령관 소 스키피오의 부하 중에 노예 출신의 철학자이자 역사가가 있었다. 펠로폰네소스에서 온 폴리비우스였는데, 로마와 마케도니아의 전쟁 때 로마군에게 끌려왔다. 포로들은 노예로 팔렸는데, 그리스어를 한다는 이유로 로마 귀족 집안 자녀의 가정교사 역할을 했다. 플라톤 철학까지 공부한 폴리비우스는 스키피오 집안으로 들어갔다.

신분이 해방된 폴리비우스는 귀국을 포기하고 스키피오의 군사 자문역을 자원했다. 그 경험을 바탕으로 훗날 제1차 포에니전쟁부터 로마사 전반을 40권에 담은《역사》를 저술했다. 제38권에 인상적인 장면이 등장한다. 언덕 위에서 불타고 있는 카르타고를 바라보며, 승장 스키피오는 곁에 선 폴리비우스에게 이렇게 말했다. "지금은 정말 영광스러운 승리의 순간이오. 그러나 언젠가 우리 로마에 이런 불행이 닥칠 것을 생각하니 가슴이 먹먹해지는군요."

스키피오는 초토화된 도시를 바라보면서 적이 당면한 비극을 함께 슬퍼했다. 스키피오의 눈물을 본 폴리비우스는 평생 자신의 역사관으로 삼을 교훈을 얻었다. 역사의 흥망이나 전쟁의 승패, 정치적 국면의 주연과 조연은 의지와 필연의 결과가 아니라 행운의 여신 티케의 우연한 마음의 산물이다.

영국의 물리학자 프리먼 다이슨은 대학 입학을 앞둔 학창 시절, 게시판에 붙은 축구 경기 선수 명단에 자기 이름이 빠진 것을 발견하고 크게 실망했으나, 순간 어떤 깨달음에 이르러 평정을 되찾을 수 있었다. 세상 모든 사람은 하

　　경계에 서는 법

나고, 그 하나가 나다. 그것을 우주적 합일 cosmic unity이라 명명한다. 내가 출전하지 않는다고 경기가 없어지는 것은 아니다. 나나 다름없는 다른 친구가 나가서 뛴다. 나는 너고, 처칠이며, 동시에 히틀러다. 모두 그렇게 생각한다면 전쟁도 사라질 것이다.

기원전 고대 도시국가의 정치가 주로 전쟁이었다면, 오늘날 전쟁은 선거제도를 도구로 삼는 정치다. 우리에게도 총선이라는 이름의 전쟁을 치러야 하는 해가 오곤 한다. 무승부가 없는 대결이므로 어차피 절반 이상은 패자다. 승자의 결정은 나가 싸우거나 표를 던질 사람들보다 티케의 변덕스러운 마음에 달린 것이 분명하다.

입후보자들은 스키피오의 자세를, 유권자들은 다이슨의 마음가짐을 지니면 혼탁한 싸움을 피할 수 있을 것이다. 하지만 우리는 불행인지 다행인지 현재를 살고 있다. 과거의 역사는 미화됐을 가능성이 농후하고, 물리학자의 일화는 상징적 비유에 불과하다. 아무런 잡음 없는 완벽한 평화는 엔트로피 제로, 즉 죽음의 상태와 동일하다. 우리는 살아 있다는 사실을 입증하기 위해서라도 싸울 수밖에 없다. 다만, 아무리 과거의 장면일지라도 재구성하는 이유는 오늘의 우리 현실에 비추어 보기 위함이라는 점만 잊지 말자. 그런 의미에서 시기, 질투, 탐욕, 혐오, 분노의 감정을 제어하는 데 도움이 될 만한 이야기를 하나 더 새겨보자.

붓다가 제자들과 함께 있는데, 보기에 흉측하고 남루한 사람이 지나갔다. 제자 한 사람이 물었다. "저런 사람에게는 어떤 마음을 가져야 합니까?" 붓다가 대답했다. "나도 한때 저와 같은 사람이었다고 생각하라."

경계에 서는 법

단순한 세계의 딜레마

젊은 시절 아우구스티누스는 마니교에 심취했다. 윤리적 문제에 대해 고민하던 중 선악의 이분법을 내세운 마니의 종교에 빠져들게 된 것이다. 그러다 밀라노에서 암브로시우스를 만나 은유의 세계에 눈을 뜨고, 어머니의 소원대로 기독교로 개종했다. 마니교는 궁극의 진리와 거리가 있다고 판단했기 때문이다. "악이란 선의 결핍일 뿐 그 자체로 따로 존재하는 것이 아니라는 사실을 미처 몰랐다."

필요한 선의 요소가 부족하면 그것은 악으로 보인다. 반면 보이지 않는 선도 요소를 보완하는 다른 것들과 조화를 이루면, 악에 가려졌던 모습이 드러나기도 한다. 하나의 양상이 상황에 따라 달라진다. 그럼에도 아우구스티누스는 마니교를 사악한 것으로 단정했다. 하나님의 품 바깥에서는 완전한 선에 다다를 수 없다는 원리적 한계에 갇혀 모순을 드러내고 말았는데, 그런 아우구스티누스의 태도는 소설 속 소년보다 덜 유연해 보인다. 얀 마텔의《파이 이야기》에서 파이는 종교가 진실을 내세우는 것이라면 왜 여러 종교를 한꺼번에 믿는 일이 허용되지 않느냐고 묻는다.

절대적 범죄 개념이 없듯, 절대적 선이나 악 역시 없다고 말하는 것은 쉽지 않은 일이다. 동시대를 함께 살아가는 사람들의 상식화된 윤리의식이 아무 말이나 허용하지 않기 때문이다. 법 이전에 도덕과 윤리는 사회의 필요조건이었지만, 윤리가 현대인에게 경쟁의 도구처럼 사용될 때는 부작용을 야기한다. 모든 일을 선 아니면 악으로 분류하려는 경향을 말한다. 당위와 선택의 상황이 다름에도, 자기의 선택을 마치 당위인 것처럼 내세움으로써 정당화하려 한다.

선과 악은 보통 사람들의 능력으로 판단이 가능해야 한다. 특별한 사정이 없는 한 각자는 선을 선택한다고 생각한다. 하지만 한 사람의 선택은 너무도 흔하게 타인의 선택과 충돌한다. 모든 개별 상황을 선과 악으로 구분할 수만 있다면, 충돌은 해결 가능하다. 그 구분을 누구도 명확히 할 수 없다는 현실이 다소 불가사의하다. 그것은 윤리학이 파악할 수 없는 복잡성 때문일 것이다. 아우구스티누스도, 그가 귀의한 신도 복잡계로서의 인간 사회를 예견하지 못했다.

　　경계에 서는 법

사회 구성원 전원이 철학자나 과학자가 될 수는 없다. 철학이나 과학 역시 복잡성을 보여줄 수 있어도 해결할 수는 없다. 사람들은 단순한 방식을 선호하고, 매번 결정에서 자기의 선을 주장한다. 얽히고설킨 복잡한 상황은 거의 모든 결정이 선으로 연결되도록 여러 경로로 논리의 틈을 제공한다. 세상은 선한 결정으로만 이루어지는 듯한 착각 속에서, 결과는 혼돈에 가까워진다.

현대의 개인이나 집단은 단순한 선악 논리의 이분법에 빠져 점점 무질서로 향하는 듯한 느낌을 준다. 정지와 진행만을 지시하는 신호등은 얼마나 간명한가. 질서를 가지런한 단순함의 집합으로 여기는 착시가 현실의 함정이다. 가장 단순해 보이는 신호등조차 현실의 질서를 완전하게 만들지 못한다. 신호 위반자도 상황의 논리를 주장한다.

규범과 법률의 세계는 마치 순간의 장면에 대응하기 위한 논리를 제공하는 아주 단순한 전문가의 영역으로 보일 때가 많다. 저마다 옳고 그름의 판단이 분명해 시작 단계에서는 행복해 보이지만, 승패와 관계없이 결과는 그리 즐겁지 않다.

선거운동이 시작되기 전까지 여야의 공천 과정만 돌아봐도 알 수 있다. 각자 내부 싸움에서 내세운 기준을 선으로 삼고, 그것을 외부 싸움에도 적용한다. 패자가 주장한 선이 악으로 변하는지, 그냥 소멸하는지는 알 수 없다. 결

과에 해당하는 당선자들이 구성할 다음 국회가 질서를 연
출할지 무질서를 토해낼지 두고 볼 일이다. 여야의 실질적
행위 지배자는 누구나 알다시피 결국 법률가들이다.

바보의 벽

민주주의 가치의 절대성에 대해 반대론이나 회의적 견해가 더러 존재하지만, 민주주의의 영향력은 점점 더 지배적이 되어간다. 전체주의국가조차 민주주의를 내세우는 까닭도 거기에 있다. 내용의 다양한 변천을 겪으며 넓게 확산된 민주주의는 마침내 개인의 내부에까지 침투하고 있다.

세계 구석구석의 정보를 거의 실시간으로 받아들이는 시대를 맞아, 누구나 특정 사건이나 이슈에 대해 자기 견해를 밝힌다. 이런 상황을 만인이 전문가거나 평론가가 된 세상이라고 말하는 사람도 있다. 발생한 문제에 대해 자기 의견을 주장하면 전문가가 따로 없고, 거기에 댓글이라도 달면 평론가가 되는 셈이다.

정치적 문제를 두고 혼자 전문가로 나설지 평론가로 나설지 망설인다고 하자. 이런 생각 저런 생각이 오간다. 의식에 무의식의 작용까지 겹친다. 자기 자신의 내부에서 하나의 자기와 또 다른 자기가 밀고 당긴다. 즉흥적이든 고심한 결과든 내면의 자기 사이의 표결에 따라 내린 결론을 표현의 자유라는 이름의 배송차에 싣는다.

내면의 민주화라고 부르면 그럴듯해 보이지만, 실상 개인의 의사란 균형이라는 면에서 의심스럽다는 전문가도 있다. 의사면서 사회 비평에도 적극 참여하는 도쿄대 명예교수 요로 다케시는 인간은 한번 고정관념에 사로잡히면 거의 벗어나기 어렵다고 단정한다. 저마다 뇌라는 개인의 의사당에서 합리적 절차를 거쳐 의견을 만들어내는 듯 보이지만, 어차피 믿고 싶은 것만 믿는다는 것이다. 자기만의 세계를 구축하고 있는 경계를 '바보의 벽'이라 칭하면서, 벽 너머는 아예 무시하거나 배척한다고 지적한다.

뇌 구조는 의외로 단순하다. 신경세포와 신경세포의 보조 배터리 역할을 하는 글리아 세포, 그리고 혈관이 전부다. 정보가 입력되면 전구 같은 신경세포의 불이 켜지거나 그대로 있는다. 반응하는 세포는 동시에 1,000개 이상일 때도 있으므로, 무수한 형태로 정보를 처리한다. 자극이 역치閾値에 달하면 신체를 이용해 출력한다. 입력을 x, 출력을 y라고 하면, $y=ax$다. 이때 a는 현실의 무게다. a=0일 때

　　　　　경계에 서는 법

는 어떤 외부의 정보도 무용지물이다. 반면 자기 신념에 부합하는 정보일 경우 a는 무한대에 근접한다. a에 의존하는 y의 값은 이성적 판단뿐만 아니라 감정에도 작용해 편애와 혐오를 낳는다.

정작 과학의 세계는 다르다. 서로 다른 견해가 고집스럽게 맞붙어 대치하고 있을 때, 반드시 하나가 옳고 또 다른 하나는 그른 것이 아니다. 둘 다 옳을 수 있다는 것이 과학자들의 생각이다. 자연 자체가 본래 애매하기도 하지만, 이론적으로는 상보성의 원리가 이를 뒷받침한다. 2004년 노벨 물리학상 수상자 프랭크 윌첵Frank Wilczek의 말을 되새겨본다. "나의 논쟁 상대가 틀렸다고 할 수 없다. 그는 다른 자리에 서 있는지도 모른다. 나와 다른 주장을 하는 사람의 시각에 서보려는 노력은 진실에 한 발 다가서게 한다."

이데올로기의 세계 내부는 언제나 100퍼센트 진실로 채워져 있다. 진보와 보수 논객은 말할 것도 없고, 항상 대립하는 여야 정치인과 그 정치를 바라보며 가담하는 사람들의 태도 역시 비슷하다. 대의명분 없이 당사자의 이익이나 상황에 따라 어제 주장했던 것과 정반대 법리를 오늘 아무렇지도 않게 내세우는 법률가들도 정치 문제에서는 어느 벽 뒤가 자기 자리인지 살핀다. 반면 신중한 과학자는 자기가 믿지 않는 것을 결코 얕보지 않는다. 바보의 벽과 소통의 벽의 차이다.

저마다 뇌 내부에서 스스로 자극을 주고받는 사색이라
는 작업을 통해 자신의 벽을 점검해보는 기회를 만들어야
한다.

　　　　　　　　경계에 서는 법

유연함, 미래를 만드는 무기

인간을 평가할 때 도덕성을 고려하지 않아도 된다면 일은 아주 간편해진다. 한때 경제 분야에서 그렇게 했다. 경제활동의 주체인 개인이 이기심을 발휘해 자기 이익에 충실하게 행동하면 전체 경제는 보이지 않는 손에 의해 저절로 균형을 이루며 굴러간다고 여겼다. 쓸데없이 간섭하지 않고 자유롭게 맡겨두기만 하면 된다는 생각이 18세기의 애덤 스미스는 물론, 20세기 신자유주의 경제학자들의 믿음이었다.

정치는 다르다. 사람이 선한가 악한가를 따진다. 선과 악 또는 옳고 그름을 기준으로 내 편과 네 편으로 나눈다. 상대방도 똑같이 네 편과 내 편으로 가른다. 우리는 옳고 유능하며, 상대는 그르고 무능하다. 너는 누구를 지지하는지, 어떤 후보에게 표를 던질지 묻는다. 후보자가 될 정치인과 유권자가 될 시민을 내 편과 네 편 중 하나로 묶는다.

대립하는 두 주체가 보통의 경쟁자일 경우에는 문제가 없다. 운동경기가 대표적이다. 서로 이기기 위해 최선을 다하지만, 승부가 결정되면 서로 축하와 격려의 인사를 나눈다. 경합이 아니라 서로 극단적으로 맞서는 경우도 있다. 전쟁이 그렇다. 싸우는 목적은 이기는 것으로 운동경기와 다름없지만, 상대방을 죽여야 한다는 점에서 다르다. 상대를 없애야 내가 산다. 최선의 전략은 최대한의 폭력을 행사하는 것이며, 적의 목숨을 살려두는 짓은 실수라는 것이 카를 폰 클라우제비츠Carl von Clausewitz《전쟁론》의 요지다. 협력의 여지는커녕 사후의 덕담도 불가능하다. 승자와 패자가 가려진 뒤에는 복수의 절치부심만 남는다.

정치 세계에서 서로 견해가 상반되는 진영을 민주주의 경선에 참여하는 선수와 응원단으로 비유하면 적절할 텐데, 현실의 양상은 경쟁이 아니라 전쟁으로 치닫는다. 경기자와 지지자 모두 상대를 제거해야만 승리가 보장된다고 흥분한다.

스웨덴의 과학자이면서 종교적 신비주의자였던 에마누엘 스베덴보리Emanuel Swedenborg는 1757년에 자신의 신비 체험을 근거로 최후의 심판과 함께 천국이 도래할 것이

 경계에 서는 법

라고 예언했다. 바로 그해 런던에서 태어난 윌리엄 블레이크William Blake는 훗날 영원한 지옥의 부활을 주장했다. 블레이크는 스베덴보리의 새로운 천국을 배척하지 않고 영원한 지옥을 거기에 대응시켜 새로운 세계와 질서의 탄생을 꿈꾸었다. 블레이크의 시집《천국과 지옥의 결혼》에는 〈기억할 만한 환상〉 다섯 편이 실려 있는데, 이런 구절이 나온다. "대립이 진정한 우정이다." 대립하는 것은 상보적이라는 말의 다른 표현이다. 인간에게는 사랑과 증오 모두 필요하다. 인간 존재나 삶의 본질에 대한 역설이다. 인간의 생각은 서로 다를 뿐 아니라, 언제든 바뀔 수도 있다. "자신의 견해를 절대로 바꾸지 않는 사람은 괴어 있는 물과 같아서, 마음의 파충류를 낳는다." 이는 병든 상상력의 결과는 끔찍하다는 뜻이다.

곧은 신념이 멋져 보이는 것은 사실이다. 다만 그 곧음이 상대의 심장을 찌르는 창이 된다면 곤란하다. 유연하지 않은 사고 앞에는 미래가 없다. 상반된 요소가 없으면 어떤 진보도 불가능하다. 진보를 막으려는 보수는 퇴행의 그림자만 남길 뿐이다.

적이 무엇인지 곰곰이 생각해보자. 적은 애당초 존재하는 것이 아니라 우리 편이 만들어내는 것이다. 테오도어 도이블러Theodor Däubler가《이탈리아 찬가》에 쓴 한 줄을 화두로 삼아본다. "적은 형상을 가진 우리 자신의 문제다."

하지만 즉각 반론이 제기된다. 적이 나를 죽이려 든다면, 나는 그 적을 죽여야 사는 것 아닌가? 정치적 인간, 그 자체가 극복해야 할 무엇이다.

자연적 꿈과 인위적 개혁

흔히 멋진 풍경을 보면 '그림 같다'고 한다. 잘 그린 그림은 '진짜 같다'고 한다. 상투적 표현이지만, 인위적인 것과 자연적인 것의 본질을 새삼 생각하게 만든다. 18세기 조선의 문장가 조귀명도 그런 비유의 내면을 독특한 사유 방식으로 파고들었다. "진짜 산수는 그림과 비슷하기를 바라고, 산수 그림은 진짜와 비슷하기를 바란다. 진짜와 비슷하다는 것은 자연스러움을 귀히 여긴 것이요, 그림과 비슷하다는 것은 기교를 숭상한 것이다. 하늘의 자연스러움이야 원래 사람들이 본받을 만한 법이지만, 사람의 기교 또한 하늘보다 나은 점이 있지 않겠는가?"

사람들은 인위적인 것이 자연적인 것을 따라가지 못한

다고 생각한다. 인간은 자연 속에서 살아가면서 자연을 모방한다고 여겨 자연적인 것을 인위적인 것보다 우위에 두려고 한다.

음식도 자연적인 것과 인위적인 것을 따진다. 생선이 자연산이냐 양식이냐를 놓고 시비가 붙는다. 블라인드 테스트를 하면 구분하지 못하는데도, 자연산이 훨씬 비싸다. 시골에 사는 어느 시인은 낚시로 잡은 생선 한 마리를 동네 횟집에 가져가 양식 서너 마리와 바꿔 먹는다고 했다.

인간 자체도 자연스러운 존재와 인위적 존재로 구분할 때가 있다. 어린아이 같은 인간 본연에 가까운 모습과 교육받은 어른의 상태를 비교한다. 세상에 물들지 않았다는 의미로 순수하다는 평가를 하지만, 교육을 받지 않아 교양이 부족하다는 의미에서 야만적이라고 부르기도 한다. 교육을 많이 받고 경험이 많아 신사 같은 행동을 하는 사람은 다소 도식적으로 보일 수 있지만, 예측 가능성 덕분에 불안하지 않다. 교육을 통해 규범적 인간을 길러내는 것은 바람직한 면이 있지만, 동시에 개성을 잃게 만들기도 한다. 모든 구성원을 말 잘 듣는 모범적 인간으로 성장시킨다면 전체주의 사회나 다름없다. 개성을 살리면서 일정한 질서와 조화를 유지하는 통일성이 인간 사회의 이상적 목표다.

놀랍게도 거기에 필요한 규범도 자연적인 것과 인위적인 것으로 나뉜다. 조리條理나 사물의 본성 같은 자연의 질

      경계에 서는 법

서가 존재한다는 믿음에서 자연법 사상이 등장했다. 이를 바탕으로 사회의 필요에 따라 인간 이성에 의지해 실정법을 만들어 적용한다.

자연적인 것과 인위적인 것을 비교하는 일은 우리의 오랜 습관 중 하나다. 비교하는 이유는 대개 자연적인 것을 칭송하기 위해서지만, 반대인 경우도 이에 못지않다. 흔히 자연을 위대하다고 하지만, 인간의 재능과 성과 역시 위대하다.

정치나 개인의 삶에서는 자연적인 것보다 인위적인 것이 우세한 경우가 많다. 보이지 않는 것보다 보이는 것을 잘 가꾸면 효용이 커지기 때문이다. 되새겨보면 조귀명의 글 이면에는 인위적인 것의 힘을 강조하는 의미가 담겨 있다. 그는 다른 글에서 이렇게 말했다. "사람들은 그림 속의 물이 흐르지 않고 바람이 불지 않는다고 탓한다. 물이 있는데 흐르지 않게 할 수 있는가? 바람이 있는데 불지 않게 할 수 있는가? 이는 조물주도 할 수 없는 일이지만 그림에서는 할 수 있다."

저 먼 하늘 위로 떠가는 구름은 자연적인 것이다. 그 아래 구름을 숨겨주는 산도 자연적인 것이다. 능선을 이루는 나무들은? 당연히 자연적인 것이다. 그 나무가 작년 식목일에 심은 것이라면? 50년, 100년 전에 심었다면? 사람이 심은 나무에서 떨어진 씨가 자라난 나무라면? 결국 자연적인 것과 인위적인 것의 구별조차 인위적이다.

개혁은 법과 제도를 바꾸면서 시작된다. 법이나 제도에 자연적 이상형이 따로 있을 리 만무하다. 인위적으로 잘 만들면 플라톤이 꿈꾼 것보다 나을 수 있다. 법과 제도 자체는 어떤 형식으로도 존재할 수 있지만, 그 가치를 평가하는 데 더 중요한 것은 더 인위적인 실제 운용이다. 모두 하늘의 뜻이 아니라 인간의 문제다.

　　　　　　경계에 서는 법

벌거벗은 진리

자이스는 고대이집트의 수도였다. 전설에 따르면, 자이스의 신전에는 여신 이시스의 상이 베일에 가린 채 안치되어 있었고, 그 아래쪽에는 다음과 같은 문구가 적혀 있었다. "나는 존재하고 있고, 존재했으며, 존재할 모든 것이다. 어떤 인간도 나를 가린 베일을 걷지 못했노라." 지식욕에 불타는 청년이 밤중에 신전으로 잠입했다. 여신상의 베일을 벗긴 후 청년이 무엇을 봤는지는 알 수 없지만, 그 대가로 그는 삶의 기쁨을 잃고 죽음을 맞이했다. 진리의 본질은 인간의 지적 욕망으로는 드러나지 않는다는 은유다.

옛 철학은 개념으로 파악되는 인간의 사유만을 가치 있는 것으로 다루었다. 법학도 개념을 앞세운 뒤 정당화의 근거를 연결해 논리를 구축했다. 철학이나 법학의 목적은 문제의 해결, 즉 결말이었다. 해답을 찾아내는 것이 목표였고, 그것이 가능하다고 믿었기에 학문으로서의 권위나 실용성도 자랑할 수 있었다. 해답의 불충분한 부분에 대한 욕망은 유일한 정답으로 향했다. 철학은 사물과 현상의 본질, 법학은 정의였다. 본질이나 정의는 진리와 진실을 담고 있다고 여겼다.

개념을 쪼개고 깊이 파고들면 정답을 발견할 줄 알았는데, 점점 미궁 속으로 빨려 들어갔다. 원칙적으로 최종 답변이 불가능한 질문이 대부분이라는 현실의 딜레마에 부딪혔다. 그때 새로운 탈출구로 등장한 것 중 하나가 은유다.

개념의 시대에 은유는 수사학적 도구에 불과했다. 진리를 향해 나아가는 진지한 여정에서 명확한 인식에 도달하지 못한 사유의 잔여물 취급을 받았다. 무언가 흐릿한, 불완전한 사고의 산물이 은유였다. 그러나 개념으로 더 이상 접근하기 어려운 한계 영역에 이르러서는 은유밖에 남지 않는다는 것이 새로운 결론이었다. 철학은 그렇게 뒤로 한 걸음 물러났지만, 법학은 여전히 포기하지 못하고 머뭇거렸다. 은유와 상징으로 받아들였던 신화의 세계에서 논리적인 로고스의 세계로 겨우 들어왔는데, 다시 돌아간다는 것은 애써 구축한 자기 건물을 부분적으로 허무는 일처럼 보였기 때문이다.

　　　　　경계에 서는 법

세상의 각종 이론은 현상을 바라보는 하나의 관점이다. 심지어 우리가 사실이라고 여기는 것조차 해석의 결과물일 수 있다. 먼지같이 무수한 사실 중 일부를 합치고 잘라내 사건이라고 명명하는 과정을 살펴보면 확인할 수 있다.

진리나 진실의 이름으로 추구하는 사물의 본질이나 정의의 실체는 그 시대의 권위적 옷을 입힌 것이다. 옷을 들춰내면 마치 정답을 찾은 듯한 느낌이 들지만, 옷 속 노골적이고 적나라한 맨몸이 곧 실체는 아니다. 진리나 진실도 벌거벗은 상태에서는 수치심을 느끼듯 그대로는 인간 세상에 적응하거나 우리와 소통하지 못한다. 베일이든 옷이든 완전히 제거할 수 없다. 한 겹 벗겨내면 다른 겹이 나타난다. 베일과 그 뒤에 가린 신상의 총체가 개념으로 대체될 수 없는 은유다. 그래서 독일 철학자 한스 블루멘베르크 Hans Blumenberg는 벌거벗은 진리는 진리일 수 없다고 말했다.

법률가는 베일 뒤에 숨은 형상을 '개념'이라고 믿는 직업이지만, 정작 은유를 가볍게 여긴다. 여태까지 붙들어온 개념을 포기하고 모호성을 활용한 새로운 시도를 한다는 일은 어림없다. 베일을 벗기는 방식만 능사로 여길 뿐이다. 법률가 출신이 주류를 이루는 정치에서도 마찬가지다. 주권을 문자의 의미 그대로 현실에 가져다 사용하려 한다. 주권에도 은유가 내포돼 있는데, 그것을 이해하지 못하면 대

의제도는 무색해진다. 주권의 베일이 주권을 보호한다는
생각은 하지 못한다. 광장의 주장은 주권을 표출하는 방식
의 일부이지만, 주권 그 자체는 아니다. 정치는 주권에 기
댈 수는 있어도, 주권을 직접 사용할 수는 없다. 이 글 역시
전체가 은유다.

특이점의 해소

어떤 사람은 롤러코스터를 쳐다보기만 해도 현기증을 느낀다. 망설인 끝에 올라탔다가 아찔한 경험을 하고는 손사래를 치기도 한다. 그러나 롤러코스터는 여러 역학적 지식을 동원해 안전하게 설계된다. 휘고 뒤집히는 곡선은 매끄럽게 이어진다. 간혹 전기장치 등이 고장 나 멈추는 사고가 발생하기도 하지만, 모든 조건이 정상이라면 절대적으로 안전하다.

햇빛이 찬란한 대낮에 과장된 비명 소리로 요란한 롤러코스터 아래의 땅바닥을 보면, 단순화된 그림자가 선명하게 드리운다. 허공에 얽힌 입체의 레일은 흑백의 평면도형으로 나타난다. 그림자의 선이 겹친 부분에는 날카롭고 뾰족한 모양도 보인다. 그것이 실제 궤도라면, 열차가 달리다가 레일을 이탈해 허공으로 날아가버릴 것이다. 그 뾰족한 부분을 대수기하학에서는 '특이점'이라 부른다.

보통 특이점이라 하면, 기존의 기준이나 해석이 더 이상 적용되지 않는 특별한 지점을 말한다. AI 분야에서는 인간의 지능을 초월하는 초지능 AI가 등장해 우리의 사회를 예측 불가능하게 만드는 미래의 어느 시점을 가리킨다. 다양한 관점을 포괄해 간략히 정의하자면, 기존 틀을 넘어 전혀 새로운 국면이 열리는 전환점이다.

선과 선이 교차할 때 나타나는 뾰족한 대수기하학의 특이점은 대수방정식으로 만든 많은 도형에 나타나는데, 수학의 실용적 측면에서 보면 매우 불편하고 까다로운 존재다. 수학자는 성가신 특이점이 있는 도형을 특이점이 없는 도형으로 변환하기 위해 골몰한다. 특이점을 제거하는 일을 '특이점의 해소'라고 한다. 수학자의 특이점이 보통 사람이 상식적으로 아는 특이점과는 상반된 성격의 개념처럼 보일 수도 있다. 그러나 수학에서도 특이점을 해소하면 결국 새로운 국면으로 접어들게 되므로, 그리 많이 다르지 않다.

수학자 히로나카 헤이스케는 대수다양체의 특이점 해소 정리를 증명해 1970년 필즈상을 받았다. 한때 서울대 초빙 석좌교수로 근무한 적도 있다. 한국의 필즈상 수상자 허준이가 당시 그의 제자였는데, 이렇게 회상했다. "20대 중반에 히로나카 교수를 만난 것은 행운이었다. 악보만 읽던 사람이 처음으로 음악을 듣는 것과 같았다."

히로나카는 특이점 해소를 물체의 본질과 그림자의 관계를 밝히는 것에 비유했다. 매끄러운 곡선 위로 열차가 신나게 달릴 수 있는 롤러코스터의 궤도 그 자체인 본질과 뾰족한 부분이 나타나 신경 쓰이게 하는 그림자의 관계를 떠올리면 된다. 그는 한 걸음 더 나아가 붓다가 사는 세계를 물체의 본질에, 사람이 사는 세계를 그림자에 비유하며 이야기를 전개한다. 일상에서 갈팡질팡하며 고민에 빠지고 불합리한 행동을 일삼는 인간의 이기적 욕망과 망상을 해소해야 할 특이점으로 봤다. 붓다의 차원에 도달해 그림자를 지배하는 인과관계의 발견을 자기 학문의 목표로 삼았다.

우리는 살아가면서 새로운 국면을 맞이하기를 기대한다. 보다 나은 차원에서 멋지게, 인간답게 살아가기를 원한다. 어떤 식이든 어느 분야든, 개혁은 그런 희망을 실현하려는 수단이다. 개혁은 그에 방해되는 요소, 즉 현실의 뾰족한 장애물 같은 특이점을 해소하는 데서 시작한다. 수학의 특이점은 특별한 능력을 지닌 소수의 수학자가 해소하고, 현실의 특이점 제거는 힘이 있는 정치가가 담당한다. 그러나 그림자의 뾰족한 부분은 힘으로 도려낼 수 없다. 레일의 배치를 바꿔도 해의 위치에 따라 또다시 뾰족한 부분이 생겨난다. 단순한 방식으로 해결되지 않는다는 사실을 아는 것만으로도 가능성이 열린다고 봐야 할까? 그 정도가 우리가 지닌 지혜의 전부이며, 우리 자신의 실체다.